普通高等职业教育“教学做”一体化教材

21世纪高职高专规划教材

市场营销系列

公共关系实务

主　编／张丽娟

副主编／陈　婷　托　亚　邬改利

中国人民大学出版社

·北京·

前 言

为了适应党的十九大报告中提出的我国高等职业教育要培养建设知识型、技能型、创新型劳动者大军的需要，顺应当前我国高等职业教育的发展形势，配合高等职业院校的教学改革和教材建设，按照教育部制定的“高职高专教育基础课程教学基本要求”，突出实训在课堂教学中的突出位置，作为高校一线教师，我们经过多年的研究探索，在结合多年的教学工作经验、参考时下较新的书面资料的基础上，编写了本教材。

本教材是按照高等教育教学改革最新理念编写的新型实用教材和训练用书。全书根据公共关系从业人员的工作过程编排教学内容，基础理论以“必要、够用”为度，突出了实训教学的地位，围绕公共关系职业岗位群的要求和特点，在内容编排上侧重体现公共关系的应用性和现实性，注重知识的学习、运用与技能的培养。

按照公关员国家职业标准，本教材内容划分为六个项目，具体包括：沟通协调、信息传播、公关调研、公关活动管理、公关专题活动和危机公关。每个项目下设具体的工作任务，符合职业教育能力培养的要求。

本教材不仅在内容上易于理解掌握，而且实用性较强，能够为具体的实践训练提供必要的指导和借鉴，可作为高等院校本科、专科和高等职业院校培养应用型、技能型人才的公共关系实训教材，也可作为社会从业人员的业务参考用书。

本书与其他同类教材相比，具有以下三大特色：

1. 体例新颖

本教材的最大特色是突破了传统教材的编排框架模式，精心优化，以行动导向理论和实践为基础，采用模块式编排体例，从公共关系岗位从业人员的基本技能和核心能力出发，设置不同的学习任务，使教学活动实务化、实战化。

2. 内容精准

本教材在保证学科体系完整的基础上，注重知识的系统性；内容精练，准确、简明地阐述了公共关系的基本理论，避免了烦琐的理论叙述，易学、易懂、易操作。全书的每个工作任务都由任务目标、任务情景、任务分析、任务实施、任务考评、理论要点和思考练习七个部分组成。

- 任务目标——使学生预先知晓工作任务的重点；
- 任务情景——精选实际工作中的职业场景，引起学生兴趣；
- 任务分析——指导学生完成工作任务的基本步骤和相关要求；
- 任务实施——引导学生将知识转化为技能；
- 任务考评——对学生完成工作任务的情况进行考核评价；
- 理论要点——重点介绍公共关系的基础理论与方法，内容力求精简，做到举一反三；
- 思考练习——加深学生对本任务中必备理论知识的理解和掌握。

3. 突出技能

本教材突出了“能力本位”“工学结合”“教、学、做统一”的原则要求，这一点与传统的公共关系教材有很大区别。

本教材的编写得到了内蒙古财经大学、内蒙古农业大学、内蒙古建筑职业技术学院、呼和浩特市职业学院的大力支持和帮助，特此表示衷心的感谢！

另外，在编写过程中，我们参阅了国内外大量的文献资料，限于篇幅，不能一一罗列，在此向其作者表示诚挚的谢意。

由于作者水平有限，书中差错和不当之处在所难免，希望广大的读者和专家予以批评指正。

张丽娟

目　录

项目一
沟通协调

任务一　接待联络

【任务目标】

1. 学会公关接待礼仪
2. 熟练制订接待计划

【任务情景】

上海M生物医疗电子有限公司总部地处上海市徐汇区，是一家生产、经营高科技医疗器械产品的民营企业，公司下设销售部、研发部、租赁部、公关部、财务部、人事部等多个部门，“将性能与价格完美平衡的医疗电子产品带到世界每一个角落”是该公司的宗旨。目前该公司在我国多个主要城市以及美国、加拿大、英国、俄罗斯等国家设立了分公司，并在各地建立了强大的分销和服务网络，其电子医疗产品市场占有率居全国前列，产品销往全球100多个国家和地区，在国内外享有盛名。

最近，经过几轮接洽，呼和浩特市C医院和上海M生物医疗电子有限公司达成初步意向，前者欲向M公司购买20台信息监护仪和5台全自动血液分析仪。为了建立和深化双方的合作关系并同时签订上述产品的购买合同，上海M生物医疗电子有限公司刘董事长特邀请呼和浩特市C医院王院长、器材科张科长以及急诊科沈主任三人于5月10日来公司参观考察并洽谈具体合作事宜。

鉴于此次商业合同涉及金额大，且三位呼和浩特客人都是首次到上海M生物医疗电子有限公司参观考察，公司上下十分重视这次接待工作。刘董事长将本次接待任务交给公关部黄部长负责，要求本着热情周到、安全舒适的原则细致考虑、妥善安排此次接待活动，确保整个考察和接待工作不出任何差错，并如期签订产品购买合同。刘董事长同时告知了公关部黄部长此次接待的三位客人的相关资料，王院长和张科长为男性，沈主任为女性，均为内蒙古人，40岁左右，此前均未来过上海，故对于三位客人在上海期间的住宿、观光以及选择何种馈赠礼品需要特别用心考虑。刘董事长还交代黄部长提前考察公司附近的几家酒店，包括与公司长期合作的E酒店，预订好客房和宴会厅，如若对几位客人的饮食起居、生活习惯和喜好有疑问，可随时向刘董事长或其他销售人员了解。

由于王院长一行人工作十分繁忙，日程紧张，因此此次来公司参观考察的时间较短，预计5月10日下午2点左右抵达上海，当天晚上刘董事长偕同销售部孙经理、公关部黄部长在客人下榻酒店的中餐厅宴请王院长一行人，为他们接风洗尘；11日客人到公司参观，主要考察公司商业环境、产品资料、样品陈列、市场开发、产品研发等情况；12日双方有关人员具体洽谈合作事宜并签署产品购买合同；13日上午客人在上海旅游观光（外滩景区），中午参加欢送宴，于下午6点乘机返回呼和浩特。公关部黄部长将提前对接待人员进行公关礼仪培训，根据客人们的行程拟订相关接待计划，并认真做好接待工作的前期准备。

【任务分析】

1. 实操任务

（1）训练公关接待礼仪。

（2）拟订接待计划。

2. 实操准备

（1）本实操任务可模拟机场、酒店、宴会厅、公司各个部门等场所进行。

（2）本实操任务可分组进行，每4～5个学生一组，分别扮演不同的角色，可以通过抽签的方式决定每个学生的角色。每组学生先讨论并拟订接待计划，然后再分别演示机场接机、宴请活动、公司参观接待活动及送行等场景。

3. 实操要求

（1）模拟演示必须严格按照事先拟好的接待计划进行，具体洽谈内容可虚拟。

（2）情景演示既要符合接待的程序，又要遵守接待礼仪，还要体现出公关员的应变能力。

（3）各项任务完成后，小组成员互相评价、打分，并做好记录工作。

【任务实施】

1. 训练公关接待礼仪

工作目标	掌握公关接待礼仪	实操时间	1 学时
工作内容	1. 会面礼仪训练 2. 电话礼仪训练 3. 迎送礼仪训练 4. 宴请礼仪训练 5. 交谈礼仪训练		
提交文件	对公关接待礼仪重要性认知的总结		
工作心得			

2. 拟订接待计划

工作目标	学会拟订接待计划	实操时间	2 学时
工作内容	1. 确定接待方针和规格 2. 安排接待日程 3. 安排接待形式和陪同人员 4. 接待经费列支 5. 拟订宴请接待方案 6. 拟订参观接待方案		
提交文件	1. 接待工作计划（含接待规格、日程安排表、经费列支表等） 2. 宴请筹备方案和宴请座次图		
工作心得			

【任务考评】

公关接待联络工作考评表

考评人		被考评人		
考评地点				
考评内容	公关接待礼仪、接待计划			
考评标准			标准分值	得分
模拟接待活动中公关礼仪操作规范运用得当			20 分	
接待规格合乎规定			10 分	

续表

接待形式和陪同人员安排妥当	10 分	
接待费用预算合理	10 分	
接待日程安排表和经费列支表制作规范	20 分	
宴请筹备方案和宴请座次图科学合理	10 分	
其他注意事项考虑周全	10 分	
工作心得（问题与收获）	10 分	
合　计	100 分	

【理论要点】

一、公关接待礼仪

（一）会面礼仪

在公关活动中，与人打交道时的一些基本礼仪，往往决定个人的成功。见面一般的程序有称呼、介绍、握手、交换名片，当然这些程序不一定都要做到，但是会面时无论熟悉与否，都不可避免地要经历其中一个或几个环节，规范称呼、介绍、握手和交换名片的礼仪将更有助于获得社交的成功。

1. 称呼

一般在正式公关接待活动中，人们彼此之间的称呼要庄重、正式、规范。能否选择正确、适当的称呼，反映着自身的教养、对对方尊敬的程度，甚至还体现着双方关系发展的程度和社会风尚。工作中的称呼包括职务性称呼、职称性称呼、行业性称呼、头衔性称呼和姓名性称呼等。

（1）职务性称呼。

以交往对象的职务相称，以示身份有别、敬意有加，这是一种最常见的称呼。常见的有三种情况：一是称职务，如“主任”“经理”等；二是在职务前加上姓氏，如“王经理”“刘秘书”等；三是在职务前加上姓名（适用于极其正式的场合），如“习近平总书记”“李克强总理”等。

（2）职称性称呼。

对于具有职称者，尤其是具有中级、高级职称者，在工作中直接以其职称相称，如“高教授”“王研究员”等。

（3）行业性称呼。

在工作中，有时可按行业名称进行称呼。对于从事某些特定行业的人，可直接称呼对方的职业，如“老师”“医生”“律师”等，也可以在职业前加上姓氏、姓名，如“李会计”“王丽老师”等。

（4）头衔性称呼。

对于有学位、军衔者，可以称呼其头衔，尤其在学术场合，采用这种称呼更加适合，如“张博士”“黄军长”等。

（5）姓名性称呼。

在工作岗位上称呼姓名，一般限于同事、熟人之间。通常有三种情况：一是直呼其姓名；二是在姓前加上“老、大、小”等前缀，如“老张”“小王”等；三是只称其名，不呼其姓，通常限于同性之间，尤其是上级称呼下级、长辈称呼晚辈，亲友、同学和邻里之间也可使用这种称呼。

2. 介绍

介绍是人际交往中与他人进行沟通、增进了解、建立联系的一种最基本、最常规的方式，是人与人之间进行相互沟通的出发点。在社交场合，如能正确地利用介绍，不仅可以扩大自己的交际圈，广交朋友，而且有助于自我展示、自我宣传，在交往中消除误会，减少麻烦。

一般来说，介绍有三种方式：自我介绍、他人介绍和集体介绍。

（1）自我介绍。

自我介绍，意在向他人说明自己的具体情况。在公关活动中，如欲结识某些人或某个人，而又无人引见，如有可能，即可向对方自报家门，自己将自己介绍给对方。如果有介绍人在场，自我介绍则被视为是不礼貌的。

1）自我介绍的时机。

在什么场合需要进行自我介绍呢？这可以说是自我介绍中最关键的问题。一般而言，在应聘求职时、应试求学时，或在社交场合中与不相识者相处时、有不相识者表现出对自己感兴趣时、有不相识者要求自己做自我介绍时，或有求于人而对方对自己不甚了解时都有必要进行自我介绍。

2）自我介绍的内容和形式。

自我介绍时，应视交际目的来决定内容的繁简。自我介绍的形式一般有以下几种：

A. 应酬式。适用于某些公共场合和一般性的社交场合，这种自我介绍最为简洁，往往只包括姓名一项即可。例如，“你好，我叫张强”“你好，我是李波”。

B. 工作式。适用于工作场合，它包括本人姓名、供职单位及部门、职务或从事的具体工作等。例如，“你好，我叫张强，是金洪恩电脑公司的销售经理”“你好，我叫李波，我在北京大学中文系教外国文学”。

C. 交流式。适用于社交活动中希望与交往对象进一步交流与沟通时，大体应包括介绍者的姓名、工作、籍贯、学历、兴趣及与交往对象的某些熟人的关系。例如，“你好，我叫王强，我在伊利公司上班。我是李波的老乡，都是呼和浩特市人”“我叫王朝，是李波的同事，也在北京大学中文系，我教中国古代汉语”。

D. 礼仪式。适用于讲座、报告、演出和庆典仪式等一些正规而隆重的场合，主要包括姓名、单位和职务等，同时还应加入一些适当的谦辞、敬辞。例如，“各位来宾，大家好！我叫李强，我是海尔公司的销售经理。我代表本公司热烈欢迎大家光临我们的展览会，希望大家……”。

E. 问答式。适用于应试、应聘和公务交往。问答式的自我介绍，应该是有问必答，问什么就答什么。例如：

甲：“先生，您好！请问您怎么称呼？”

乙：“您好！我叫张强。”

主考官：“请介绍一下你的基本情况。”

应聘者：“各位好！我叫李波，26 岁，河北省石家庄市人，汉族，……”

3）自我介绍的分寸。

在做自我介绍时，既要表现出友好、自信和善解人意，还应力戒虚伪和媚俗。

A. 时间。

在进行自我介绍时要把握好时机，要在适当的时间进行自我介绍。所谓适当的时间也就是对方有空闲，而且有兴趣时，这样就不会打扰对方。在做自我介绍时还要简洁，尽可能地节省时间，以半分钟左右为佳，为了节省时间，可利用名片、介绍信加以辅助。

B. 态度。

在进行自我介绍时，态度一定要自然、友善、亲切而随和，落落大方，彬彬有礼，语速要正常，语音要清晰。

C. 内容真实。

进行自我介绍要实事求是。在做自我介绍时措辞要适度，不可为取悦对方而自吹自擂、夸大其词，当然也不能为了表现自己谦虚就进行自我贬低。

（2）他人介绍。

他人介绍，又称第三者介绍，是指第三者为彼此不相识的双方引见、介绍的一种交际方式。他人介绍，通常是双向的，即对被介绍双方做一番介绍。有时，也可进行单向的他人介绍，即只将被介绍者中某一方介绍给另一方。

1）他人介绍的介绍者。

为别人做介绍，谁最适合当介绍人呢？根据社交场合的不同会有所区别，例如：

A. 在一些家庭聚会等场合，介绍人一般由女主人来担当。

B. 在公务交往中，介绍人一般可以由三种人来担当：第一种是专业对口人员；第二种是公关礼宾人员；第三种是在场人里面职务最高的人员，这种情形一般出现在有贵宾到场的情况下，礼仪上讲究身份对等，需要职务最高的人充当介绍人。

C. 在普通社交场所，与双方都有交往或与双方都熟悉的人担当介绍人。

2）他人介绍的时机。

介绍人做介绍时，处于当事人之外，需要注意一些细节。在介绍前，必须充分考虑到被介绍的双方有无相识的必要或愿望。必要时可询问被介绍人的意见，以防做介绍时冷场。在为不同国籍人士做介绍时，宜先考虑两国的禁忌等。

3）他人介绍的顺序。

他人介绍时，应当遵守“尊者有优先知情权”的原则，也就是说应让尊者优先了解情况。这就需要首先确定双方地位的尊卑，先介绍位卑者，后介绍位尊者。

4）他人介绍的方式。

根据实际需要的不同，他人介绍主要有以下几种方式：

A. 一般式。

一般式又称标准式，以介绍双方的姓名、单位和职务等为主，适用于正式场合。例如：“请允许我来为两位引见一下。这位是卡秀公司营销部主任商小姐，这位是新鹊集团副总江嫣小姐。”

B. 简单式。

简单式是指只介绍双方姓名一项，甚至只提到双方姓氏，适用于一般的社交场合。如：“我来为大家介绍一下，这位是谢总，这位是徐董，希望大家合作愉快。”

C. 附加式。

附加式又称强调式，用于强调其中一位被介绍者与介绍者之间的关系，以期望引起另一位被介绍者的重视。如：“您好！这是小儿刘放，这位是飞跃公司的业务主管杨先生，请杨先生多多关照。”

D. 引见式。

引见式是指介绍者将被介绍的双方引到一起即可，适用于普通场合。如：“两位认识一下吧，大家其实都曾在一个公司共事，只是不在一个部门，请两位自己介绍一下。”

E. 推荐式。

推荐式是指介绍者将某人举荐给他人，介绍者通常对前者的优点加以重点介绍，一般适用于比较正规的场合。如：“这位是阳远先生，这位是海天公司的赵海天总经理。阳先生是经济博士、管理学专家。赵总，我想您一定有兴趣和他聊聊吧。”

F. 礼仪式。

礼仪式是一种最为正规的他人介绍的方式，适用于正式场合。在语气、表达和称呼上都更为规范和谦恭。如：“孙女士，您好！请允许我把北京远方公司的执行总裁李力先生介绍给您。李先生，这位就是广东润发集团的人力资源部经理孙晓女士。”

5）他人介绍的注意事项。

在进行他人介绍时，介绍人态度要热情友好、认认真真，不要给人以敷衍了事或油腔滑调的感觉。作为被介绍者，应表现出想结识对方的诚意。一旦介绍人开始介绍，除贵宾与长者外，被介绍者一律应起立，并以正面面向对方，不能只看介绍人，还要注视被介绍者的眼睛。随着介绍人的介绍，向对方点头致意，来呼应其介绍。待介绍完毕后，应热情地和对方握手，并以“您好”“很高兴认识您”“久仰大名”“幸会”等语句问候对方，如在“您好”之后再重复一遍对方的姓名或称谓，则不失为一种亲切而礼貌的反应。

（3）集体介绍。

集体介绍是他人介绍的一种特殊形式，被介绍者一方或双方都不止一人，大体可分两种情况：一是为少数人和多数人做介绍；二是为多数人和多数人做介绍。

1）集体介绍的场合。

A. 规模较大的社交聚会，有多方参加，各方均可能有多人参加，为各方做介绍。

B. 大型的公务活动，参加者不止一方，且参加各方不止一人。

C. 涉外交往活动，参加活动的宾主双方皆不止一人。

D. 正式的大型宴会，举办方一方人员与来宾均不止一人。

E. 演讲、报告、比赛等，参加者不止一人。

F. 会见、会谈，各方参加者不止一人。

G. 婚礼、生日晚会，主事人与来宾双方均不止一人。

H. 举行会议，应邀前来参加会议者不止一人。

I. 接待参观者、访问者，前来的宾客不止一人。

2）集体介绍的顺序。

进行集体介绍的顺序可参照他人介绍的顺序，也可酌情处理，尤其是在正式、大型的交际活动，要注意介绍的顺序，一般有以下几种情况：

A. 当被介绍者双方地位、身份大致相似时，应先介绍人数较少的一方。

B. 强调地位、身份。若被介绍者双方地位、身份存在差异，虽然地位高的、身份尊贵的一方人数较少或只有一人，也应将其放在尊贵的位置，最后加以介绍。

C. 单向介绍。在演讲、报告、比赛、会议或会见时，往往只需要将主角介绍给广大参加者。

D. 人数多的一方的介绍。若一方人数较多，可采取笼统的方式进行介绍。如“这是我的家人”“他们是我的同学”等。

E. 人数较多的各方的介绍。若被介绍的不止两方，需要对被介绍的各方进行次序排列。排列的方法可以其负责人身份为准、以其单位规模为准、以单位名称的英文字母顺序为准、以抵达时间的先后顺序为准、以座次顺序为准、以距介绍者的远近为准等。

如果在座的各位不分地位的尊卑，多方介绍也可按照一定的次序，如按顺时针方向或逆时针方向，自右向左或自左向右，依次进行。如果进行“跳跃式”的介绍，就会使后被介绍的人受到伤害。

3）集体介绍的注意事项。

集体介绍的注意事项与他人介绍的注意事项基本相似。除此之外，还应再注意以下两点：

A. 不要使用有歧义的简称，在首次介绍时要准确地使用全称。

B. 介绍时要庄重、亲切，切忌使用被介绍人的绰号，以免使其陷入尴尬之地。

3. 握手

握手礼是世界通用的礼节，也是人们在日常的生活和涉外公关活动中使用最多的一种会面礼节。

（1）握手的时机。

1）遇到久未见面的熟人时。

2）在比较正式的场合与相识之人道别时。

3）自己作为东道主迎送客人时。

4）向客户辞行时。

5）被介绍给不相识者时。

6）在外面偶遇同事、朋友、客户或上司时。

7）感谢他人的支持、鼓励或帮助时。

8）向他人赠送礼品或表示恭喜、祝贺时。

9）他人向自己颁发奖品或表示恭喜、祝贺时。

10）应邀参加社交活动见到东道主时。

11）对他人表示理解、支持或肯定时。

12）对他人表示慰问、支持时。

（2）握手的顺序。

在社交场合，要不要握手的决定权在尊者手里。如果尊者主动先伸手，位卑者要与之握手；如果尊者没有伸手，位卑者最好采用其他的会面礼节，如点头致意等。

（3）握手的注意事项。

1）握手时一定要用右手。双方将右手向各自的侧下方伸出握住对方的右手即可。

2）握手时间一般以 3～5 秒为宜。若握手时间过长，尤其是和异性握手时间过长，则可能会被怀疑为居心不良。

3）握手时双方距离 1～1.5 米为宜。距离过大，显得有意在和对方保持距离；距离过小，手臂难以伸直，也不太雅观。

4）握手的力度要适中，既不可过轻，亦不可过重。过紧地握手，或是只用手指部分漫不经心地接触对方的手都是不礼貌的。

5）握手时要热情友善，双目应注视对方，微笑致意或问好。

6）需要与多人握手时，应按由尊到卑的顺序进行，切忌交叉握手。

（4）握手的禁忌。

1）握手时忌讳用左手。

2）与人握手时，眼睛忌讳东张西望，应正视对方。

3）握手时，左手不要拿着报纸或公文包等物品，更不要插在口袋里。

4）不要在握手时争先恐后，应当依照顺序依次而行。

5）一般情况下不允许戴着手套与他人握手。

6）握手时不要戴着墨镜，如有特殊情况应向对方说明原因并致歉。

7）不要拒绝与他人握手。

8）不可交叉握手。

9）握手时不要抓着对方的手来回摇摆。

10）握手时不要点头哈腰，显得过分客套。

11）握手时要虎口相对，不要仅握住对方的手指尖。

12）手脏时不要与人握手，更不能在与他人握手之后，立即擦拭自己的手掌。

13）在握手时要起身站立，如果不能站起来要向对方说明原因并致歉。

4. 交换名片

名片是社交人士必备的沟通交流工具，名片像一个人简单的履历表。有人曾说过：“一个没有名片的人，难以想象他的社会地位。”精美的名片不仅能使人印象深刻，也能体现出个人形象和单位形象。

（1）名片的传递。

1）双方交换名片。

双方交换名片时，最正规的做法是位卑者首先把名片递给位尊者。在一般情况下，也不必过分拘泥于这一规定。一个人与多人交换名片时，应讲究先后次序，或由近而远，或由尊而卑，或先女士后男士。一定要依次进行，切勿采用“跳跃式”。

2）递上自己的名片。

递名片给他人时，应郑重其事。最好是起身站立，走上前去，用双手拇指和食指执名片两角，让文字正面朝向对方，并交予对方。若对方是少数民族或外宾，则最好将名片上印有对方认得的文字的那一面面对对方。将名片递给他人时，口头应有所表示，可以说“请多指教”“多多关照”“今后保持联系”“我们认识一下吧”等，或是先做一下自我介绍。

3）接受他人的名片。

当他人表示要递名片给自己或交换名片时，应立即停止手中所做的一切事情，起身站立，面含微笑，目视对方。接受名片时，宜双手捧接，或以右手接过。接过名片，首先要看，即用半分钟左右的时间，从头至尾将其认真默读一遍，若有疑问，可当场向对方请教，此举意在表示重视对方。接受他人名片时，应口头道谢，或重复对方所使用的谦辞敬语，如“请您多关照”“请您多指教”等，切不可一言不发。

若需要当场将自己名片递过去，最好在收到对方名片后再递上自己的名片。

4）索取他人的名片。

若索要他人的名片，应委婉地提出要求，不要直言不讳地向对方索取名片。可以采用以下几种方式：

其一，主动交换，把自己的名片先递给对方，对方也会“礼尚往来”，这种方法被称为“交易法”。

其二，向对方提议：“××，认识您很高兴，不知道能不能有幸和您交换下名片？”这种方法被称为“激将法”。

其三，谦虚询问：“希望以后有机会继续向您请教，不知道怎么向您请教比较方便？”这种方法被称为“谦恭法”。

其四，询问对方：“认识你很高兴，不知道以后怎么和你联系比较方便？”这种方法被称为“平等法”。

（2）名片的存放。

参加公关活动之后，往往会收到许多名片，如果你只是往家里或办公室里随手一放，不去整理，那么当你有事急于寻找一位曾经结识的朋友帮忙时，可能会很难马上找到他的名片。因此，对名片的管理十分必要。

1）和他人交换名片后，务必详尽记录与对方会面的人、事、时、地等。交际活动结束后，应回忆一下刚刚认识的重要人物，记住他的姓名、单位、职务、行业等。第二天或过个两三天，主动打个电话或发封电子邮件，向对方表示能够结识很高兴，或者适当地赞美对方的某个方面，或者回忆你们愉快的聚会细节，让对方加深对你的印象和了解。

2）对名片进行分类管理。你可以按地域分类，比如按省份、城市，也可以按行业分类，还可以按人脉资源的性质分类，比如同学、客户、专家等。

3）养成经常翻看名片的习惯。在工作的间隙，翻一下你的名片档案，给对方打一个问候的电话，发一个祝福的短信等，让对方感觉到你的存在和对他的关心与尊重。

4）定期对名片进行清理。定期将你手边所有的名片与相关资源数据做一次全面整理，依照关联性和重要性、互动与使用概率、数据的完整性等因素，将它们分成三类：第一类是一定要长期保留的；第二类是不太确定，可以暂时保留的；第三类是确定不要的，当确定不要时做销毁处理。

（二）电话礼仪

随着现代通信技术的发展，人们往来的日益频繁，电话已经成为人们生活中必不可少的通信工具。电话的使用改变了人们传统的交往模式，在公关活动中接打电话时若不注重礼仪，会给对方留下非常不好的印象。

1. 座机电话礼仪

使用座机时，拨打与接听都有相应的礼仪。

（1）拨打电话。

1）选择恰当的时间。

要选择对方方便的时间。不要在别人的休息时间打电话，每天上午 7 点之前、晚上 10 点之后、午休和用餐时间都不宜打电话。

打电话前要搞清地区时差以及各国工作时间的差异，不要在休息日打电话谈生意，以免影响别人休息。即使客户已将家中的电话号码告诉你，也尽量不要往家中打电话。

此外，尽量避免在对方的通话高峰和业务繁忙的时间段内打电话；社交电话最好在工作以外的时间拨打。

2）要有礼貌。

打电话时，要先说“你好”，声音要清晰、明快。要讲的事，从结论说起，才能将要点清楚明白地告诉对方。遇到数字和专有词汇，应复述一遍，注意别出差错。

3）长话短说。

通话时间一般应遵守“三分钟原则”，即每次打电话时，应自觉地、有意识地将通话时间控制在三分钟以内，尽量不要超过这个限定。对通话时间的基本要求是：以短为佳，宁短勿长，若非十分重要、紧急、烦琐的事务，不宜过长。

4）准备好内容。

通话之前应做好充分准备，最好把对方的姓名、电话号码、通话要点等内容列出一张清单。这样可以避免在通话时出现现想现说、没有条理的问题。

（2）接听电话。

接听电话最重要的要注意三点：一是要及时，铃响不超过三声；二是要有礼貌，要自报家门，并向对方问候；三是要有耐心，对打错电话者不要训斥。此外，接听电话时还应注意以下礼仪：

1）第二声铃响接电话。

电话铃声响起后，应尽快接听，但也不要铃声刚响就拿起听筒，这样会令对方觉得很突然。如果电话铃声响过许久之后才接电话，要先向对方表示歉意。正确的做法是：在来电第二声铃响之后立即接听，不要让别人代劳，更不要让小孩代接电话。

在礼貌问候对方之后应主动报出公司或部门名称以及自己的姓名，切忌拿起电话劈头就问“喂，找谁?”，更切忌使用“说!”“讲!”“听到，说!”等这种硬邦邦的电话接听方式。这样接听电话不但粗鲁无礼，还会让人觉得你盛气凌人、摆架子。

同样，来电话的人需要留话时也应以简洁的语言清晰地报出姓名、单位、回电号码和留言。结束电话交谈时，通常由打电话的一方提出，然后彼此客气地道别。无论什么原因使电话中断，都应由主动打电话的一方负责重拨。

2）注意语调。

用清晰而愉快的语调接电话，能显示出说话人良好的职业风度和和蔼可亲的性格。虽然对方无法看到你的面容，但你的喜悦或烦躁仍会通过语调流露出来。打电话时语调应平稳柔和、安详，这时如能面带微笑地与对方交谈，可使你的声音听起来更为友好热情。千万不要边打电话边嚼口香糖或吃东西。

3）分清主次。

接听电话时不要与其他人交谈，也不能边听电话边看文件、电视，甚至是吃东西。

若在会晤重要客人或举行会议期间有人打来电话，可向其说明原因，表示歉意，并承诺稍后联系。

接听电话时，千万不要不理睬另一个打进来的电话。可对正在通话的一方说明原因，请其稍候片刻，然后立即去接另一个电话。待接通之后，先请对方稍候，或让其过一会儿再打进来，随后再继续之前正在接听的电话。

无论多忙多累，都不能使忙和累成为挂断电话而找清静的理由。

4）及时回复电话留言。

在商业投诉中，对不能及时回电话的投诉最为常见。为了不丧失每一次成交的机会，有的公司甚至做出对电话留言须在一小时之内答复的规定。一般应在 24 小时之内对电话留言给予答复，如果回电话时恰遇对方不在，也要留言表明你已经回过电话了。如果自己确实无法亲自回电，应托付给别人代办。

（3）代接电话。

在工作场合接听电话时，有时会遇到代接电话的情况。代接电话时，要注意以礼相待、尊重隐私、传达及时等。

代接电话时，首先要告诉电话拨打方，他要找的人不在，然后询问对方是否需要帮助转达。

1）以礼相待。

代接电话时，不要因为对方所找的人不是自己就显得不耐烦，以“不在”来打发对方。即使被找的人真的不在，也应友好地答复：“对不起，他不在，有什么需要我转达的吗？”

2）尊重隐私。

代接电话时，不要刨根问底。如果对方要找的人离自己较远，不要大喊大叫。别人通话时，不要旁听，不要插嘴。当对方希望转达某事给某人时，千万不要把此事随意扩散。

2. 手机礼仪

（1）手机的放置位置。

在一切公共场合，手机在没有使用时，都要放在合乎礼仪的常规位置。不要在并没使用的时候放在手里。放手机的常规位置有两处：一是随身携带的公文包里，这是最正规的；二是上衣的内袋里。有时候，也可以将手机放在不起眼的地方，如手边、背后、手袋里，但不要放在桌子上，特别是不要对着对面正在聊天的客户。

（2）接打手机的礼仪。

在会议中或在和别人洽谈的时候，最好还是把手机关掉，起码也要调到振动或静音状态。这样既显示出对别人的尊重，又不会打断发言者的思路。若在会场上铃声不断，像是业务很忙，使大家的目光都转向你，实则显示出你缺少修养。

拨打对方手机时，尤其当知道对方是身居要职的忙人时，首先应想到的是，这个时间他方便接听吗？手机接通后，注意从听筒里听到的回音来鉴别对方所处的环境。如果很静，应想到对方可能在开会，有时大的会场能产生一种空阔的回声；当听到噪声时对方就很可能在室外，开车时的隆隆声也是可以听出来的。有了初步的鉴别，对能否顺利通话就有了准备。但不论在什么情况下，是否通话还是由对方来定为好，所以“现在通话方便吗？”通常是拨打手机的第一句问话。其实，在没有事先约定和不熟悉对方的前提下，我们很难知道对方什么时候方便接听电话。所以，在有其他联络方式时，还是尽量不打对方手机。

在公共场合特别是楼梯、电梯、路口、人行道等地方，不可以旁若无人地使用手机，就是在公交车上大声地接打电话也是有失礼仪的，此时应该把自己的声音尽可能地压低。

（3）不宜使用手机的场合。

在特殊的公共场合如飞机上、影剧院里、图书馆和医院里，不宜接打手机。

（三）迎送礼仪

1. 接站的礼仪

主动去车站、码头或机场迎接远道而来的宾客，这是公关接待工作的主要内容。实践证明，接待工作做得好，就容易赢得宾客的信任与合作。如果在宾客人生地不熟的情况下，任由他们自行寻找社会组织的所在地，他们很可能会对社会组织产生埋怨情绪，进而采取不合作的态度。

因此，无论宾客的职别、地位高低，目的是否一样，凡是远道而来的宾客，社会组织都要主动派人去车站、码头或机场迎接，这是社会组织与宾客沟通情感的重要方式。

另外，接站也是一门艺术，应做到以下几点：(1) 了解宾客到站的确切时间，并提前到达候客站台。(2) 为了方便识别要接的宾客，事先应准备一块牌子，写上“欢迎××同志”或“欢迎××企业”等字样。书写的字牌要工整、醒目，以便于宾客到站寻找。(3) 接到宾客后，应主动给予问候，同时做自我介绍。若有名片，此时便可递上。(4) 必要时给宾客检验一下自己的身份证和工作证，以便打消宾客的疑虑。(5) 主动帮助宾客提取行李，但最好不要拿公文包或手提包，因为里面可能装有重要物品或钱款、文件资料等。(6) 陪同宾客乘坐事先安排好的交通工具一同前往社会组织或住宿处。(7) 上车后向宾客介绍活动的安排情况，并询问宾客是否有私人活动，是否需要帮助。为了活跃气氛，应主动介绍本地的风土人情、气候、旅游胜地、特产等。

2. 欢送宾客的礼仪

送客是整个接待工作中最后的环节。送客工作做得好，可以强化宾客对组织的良好印象，做得不好，则可能前功尽弃。因此，公关接待人员应当高度重视送客的工作。

做好送客工作，要做到以下几点：(1) 干脆而不失温情。当宾客准备告辞时，既不能拖泥带水，迟迟不送，又不能毫无表情地把宾客送走。(2) 如果宾客较多，应尽量安排社会组织与宾客的短暂告别仪式。(3) 对远道而来的宾客，还应派等级相同的人员陪同前去车站、码头或机场送别，这叫作“身份对等”。(4) 在车站、码头、机场等处送客，与宾客告别时，应等车船启动后再动身返回。

(四) 宴请礼仪

宴请指的是设宴招待来宾。在公关活动中，这是一项非常重要的与宾客沟通交流的形式。

1. 宴请的形式

根据用餐的规模划分，中餐的宴请方式可以分为公务、商务宴会，私人宴会，便餐和工作餐四种具体形式。

(1) 公务、商务宴会。

公务、商务宴会是一种隆重而正规的宴请，在出席人数、穿着打扮、菜肴选择、席次安排、宾主致辞和音乐演奏等方面，都有着严格的要求和讲究；在用餐环境、餐桌布置、活动主题、进行程序和上菜节奏等方面也同样非常注重礼仪规范。公务、商务宴会如果举办成功，可以带来意想不到的经济效益，如不成功则往往造成巨大的经济损失，因此，必须特别注意每个细节，宴会过程中，一定不能有任何差错发生。

(2) 私人宴会。

私人宴会是一种交谊型的宴请，以联络感情、表示友好、发展友谊、沟通信息为目的，如生日宴、婚宴、迎送宴、节日宴、纪念宴、乔迁宴等。私人宴通常没有太多的讲究与礼仪限制，主办者和被宴请者都以私人身份出席，通过宴请表达彼此的思想感情与精神寄托。私人宴要充分考虑到赴宴客人的特殊饮食习惯，如回族人不吃猪肉、素食者不吃荤、糖尿病人不能吃甜食等，尽量安排得让所有人都满意。

（3）便餐。

便餐是一种不拘形式、亲切随意的进餐方式，不排座席，也不需太过讲究菜色，家常便饭即可，要注意用餐环境与餐食的卫生。

（4）工作餐。

工作餐可以说是一种简便的商务餐，有工作关系的业务伙伴，以边吃饭边交流信息的用餐方式洽谈业务，创造有利于进一步接触的氛围。这种餐会不适合不相关的人士参与，也不适宜安排在周末、节假日等属于私人的时间进行。工作餐可以在一天中的不同时间举办，可以是早餐会，也可以安排成午餐或晚宴，但最好不要安排在晚上，以免占用晚间私人的时间。

2. 宴请的筹划

（1）确定宴请宾客的名单。

先由公关人员根据宴请目的、性质拟定宾客及陪同人员的名单。

（2）确定时间和地点。

宴请时间要征求主宾意见，不要选在重大节日、假日或有禁忌的日子。宴请地点要考虑规格和宴请对象身份，讲究环境因素，体现对客人的敬意。一般来说，正式宴会最好选择主办方比较熟悉的地方，主办方对它的环境、服务和供应有所了解，方便安排各项事务。

（3）发请柬。

正式宴会大都要向宾客发出正式请柬。即便事先有口头约定或电话通知，也要补发请柬，这是礼节上的要求。请柬应该注明邀请人的姓名、被邀请人的姓名、宴请的方式、宴请的时间和地点，以及着装要求或提示等。

（4）确定菜单。

宴请的酒水和菜肴应根据规格和宴会形式，在规定的预算内安排。菜肴要精致可口、突出特色，注意客人的饮食习惯、禁忌，注意菜肴的冷热、甜咸、色香味合理搭配。

（5）排定桌次和座次。

宴会一般要事先安排好桌次和座次，使参加宴会的人能各就其位。合理的席位安排能体现出对客人的尊重。

3. 席位的排列

在中餐宴请活动中，往往采用圆桌。在不同位置摆放的圆桌有尊卑的区别，每张圆桌上不同的座次也有尊卑之分。记住这些原则，确保不坐错位置，这在中餐礼仪中非常重要。

（1）桌次的排列。

入座前，首先要迅速辨别出哪张桌子是主桌，然后由邀请方引导入座，通常中餐的餐桌摆放分为两种情况：

1）由两桌组成的小型宴请。

这种情况下，通常是两桌横排或两桌竖排的形式，如图 1－1 所示。当两桌横排时，面对正门右边的桌是主桌；当两桌竖排时，距离正门最远的那张桌子是主桌。

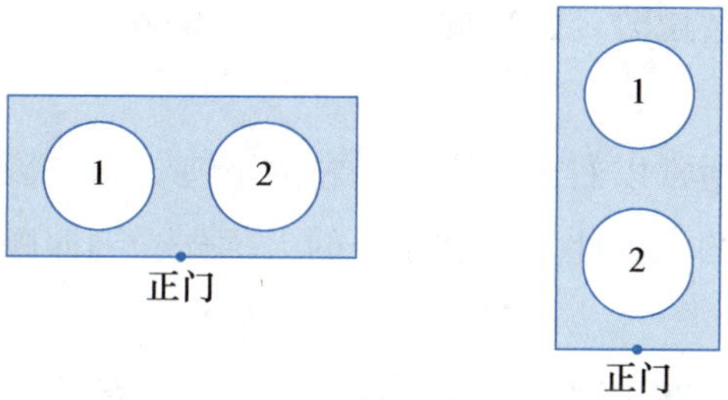

图 1－1　两桌组成的小型宴请形式

2）由三桌或三桌以上的桌数所组成的宴请。

在安排多桌宴请的桌次时，除了要注意上面提到的“面门定位”“以右为尊”“以远为上”等规则外，还应兼顾其他各桌距离主桌的远近。通常，距离主桌越近，桌次越高；距离主桌越远，桌次越低。

有的餐厅设计的主桌会比其他餐桌大一些，这样便于让宾客分辨哪张是主桌。

（2）座次的排列。

第一，宴请时的座位排列（见图 1－2）。

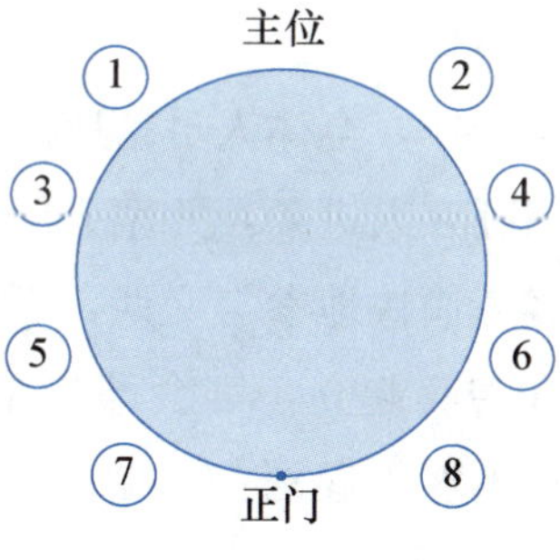

图 1－2　宴请时的座位排列

宴请时，每张餐桌上的具体位次也有主次尊卑之别。排列位次的基本方法有以下五点：

1）主人大都应面对正门而坐，并在主桌就座。

2）举行多桌宴请时，每桌都要有一位主桌主人的代表在座。位置一般和主桌主人同向，有时也可以面向主桌主人。

3）各桌位次的尊卑，应以与这桌主人的距离远近来定，离主人近的位置比较尊贵。

4）与本桌主人的距离相同的位次，则以本桌主人面向为准，主人座位右边的位置比较尊贵。

5）如果主宾身份高于主人，为表示尊重，可以安排主宾在主人位子上坐，主人则坐在主宾的位子上。

第二，便餐时的座位排列。

排列少于五人的便餐席位时，位次的排列，可以遵循以下四个原则：

1）右高左低原则。

两人一同并排就座，通常以右为上座，以左为下座。这是因为中餐上菜时多以顺时针方向为上菜方向，靠右坐的人因此要比靠左坐的人优先受到照顾。

2）中座为尊原则。

三人一同就座用餐，坐在中间的人在位次上高于两侧的人。

3）面门为上原则。

用餐的时候，按照礼仪惯例，面对正门者是上座，背对正门者是下座。

4）特殊原则。

高档餐厅里，往往有优美的景致或高雅的演出供用餐者欣赏。这时候，观赏角度最好的座位是上座。在某些中低档餐馆用餐时，通常以靠墙的位置为上座，靠过道的位置为下座。

4. 宴请的程序

（1）迎客。主人一般在大门口迎接客人。视宴会重要程度，还可由其他主要陪同人员陪同主人迎接客人。

（2）入席。主人陪主宾进入宴会厅，全体人员落座，宴会开始。

（3）敬酒。入席后，主人应招呼客人进餐，并率先给客人敬酒。

（4）交谈。席间主人要引导客人愉快地参与交谈，巧妙选择话题。

（5）散席。吃完水果，主人和主宾起立，宴会即告结束。主宾告辞，主人送到门口，主宾离去后，原迎宾人员依次与其他客人握别。

5. 宴请用餐礼仪

在用餐时，每一位用餐者的表现均应合乎礼仪规范，简而言之，用餐礼仪包括以下几点：

（1）男士在就餐时，应等长者和女士坐定后，方可入座。

（2）入座后坐姿要端正，手肘不得靠桌边缘或将手放在邻座椅背上，身体与餐桌应保持适宜的距离。

（3）男士在用餐时不能只顾自己，也要关心别人，尤其要招呼两侧的女士。但要特别注意：取菜舀汤，应使用公筷公匙。

（4）用餐时须温文尔雅，从容安静，口内有食物或在他人咀嚼食物时，均应避免跟人说话或敬酒。送食物入口时，两肘应向内靠，不要直向两旁张开，碰及邻座。

（5）用餐时亦不能急躁，必须小口进食，不要大口吞塞，食物未咽下，不能再塞入口。

（6）避免在餐桌上咳嗽或打喷嚏等。如果忍不住，应将头转向别处，并说声“对不起”。

（7）用餐结束时，不要抢着付账。推拉争付，甚为不雅。未征得朋友同意，亦不宜代友付账。

（8）散席后，主人应将客人送到门口，握手话别。

（五）交谈礼仪

人际交往始于交谈。所谓交谈，是指两个或两个以上的人所进行的对话，它是人们彼此之间交流思想情感、传递信息、进行交际、开展工作、建立友谊、增进了解的最为重要的一种形式。交谈是人的知识、阅历、才智、教养和应变能力的综合体现。在我国古代，人们就讲究在人际交往中“听其言，观其行”。这是因为言为心声，只有通过交谈，交往对象才能够彼此了解对方，并且被对方所了解。在交际应酬中，要使交谈圆满成功，就得讲究交谈的礼仪。

公关礼仪中对交谈有一系列详尽的规范，主要体现在交谈的语言、交谈的主题和交谈的方式三个方面。

1. 交谈的语言

在任何社会场合中，真诚和热情是交谈的基础。古人云：与人善言，暖于布帛；伤人以言，深于矛戟。只有开诚布公、坦率耿直、谦虚谨慎、尊重他人的谈话，才能使人感到亲切融洽。

在语言方面，交谈的总要求是文明、礼貌、准确。语言是组织交谈的载体，交谈者对它理当高度重视，精心斟酌。

2. 交谈的主题

与人谈话最困难的是话题的选择。一般在交际场合，与人交谈的第一句话是最不容易的，正所谓“万事开头难”。因为你不熟悉对方，不知道对方的性格、爱好和品性，又受时间的限制，不容许你多了解或考虑，还不宜冒昧地提出特殊话题，因此，谈话主题的选择就成了一个重要的问题。

（1）宜选的主题。

古希腊伟大的思想家亚里士多德曾经指出：“交谈由谈话者、听话者和主题三个要素组成，要达到施加影响的目的，就必须关注此三要素。”交谈的主题，是交谈的中心内容，只有选择好谈话的主题，才有助于交谈的顺利进行。

1）既定的主题。

既定的主题，即交谈双方已约定，或者其中一方先期准备好的话题。例如，寻求别人帮助、征求意见、传递信息或讨论问题等，往往都属于主题既定的交谈。选择这类主题交谈，最好双方商定或约定，至少也要得到对方的认可。既定的主题一般比较适用于正式交谈。

2）高雅的主题。

高雅的主题，即内容文明、格调高尚的话题。例如，文学、艺术、哲学、历史、地理和建筑等，都适合作为高雅的话题。高雅的主题一般适用于各类交谈，要求交谈对象是知音，忌讳不懂装懂、班门弄斧。

3）轻松的主题。

轻松的主题，即谈论起来令人轻松愉快、饶有情趣、不觉劳累厌烦的话题。例如，文艺演出、奥运赛事、当前流行、时装、美容美发、体育比赛、电影电视、休闲娱乐、旅游观光、名胜古迹、风土人情、名人轶事、烹饪小吃和天气状况等。轻松的主题一般适用于非正式交谈，允许交谈者各抒己见。

4）时尚的主题。

时尚的主题，即以此时、此刻、此地正在流行的事物作为谈论的话题。

5）擅长的主题。

擅长的主题，是指交谈双方，尤其是交谈对象有所研究、有兴趣、有可谈之处的话题。例如，与医生交谈，可谈健身祛病；与学者交谈，可谈治学之道；与作家交谈，可谈文学创作；等等。

（2）忌谈的主题。

1）个人隐私的主题。

个人隐私，即个人不希望别人了解的事。在交谈中，对于对方的年龄、收入、婚恋、家庭、健康和经历等涉及个人隐私的话题，切勿随意谈论。

2）捉弄对方的主题。

在交谈中，切不可挖苦对方所短，调侃取笑对方，或乱开玩笑而让对方出丑。俗话说：“伤人之言，深于矛戟。”这种交谈会影响甚至中断双方关系。

3）非议旁人的主题。

有些人极喜欢在交谈之中传播闲言碎语，制造是非，无中生有，造谣生事，非议其他不在场的人士。常言道：“来说是非者，便是是非人。”非议旁人，不仅不能证明自己待人诚恳热情，反倒证明自己缺乏教养，是搬弄是非之人。

4）倾向错误的主题。

倾向错误的主题，主要指违背社会伦理道德、生活堕落、思想反动、政治错误和违法乱纪的主题，这类主题在谈话之中也应避免。

5）令人反感的主题。

在交谈中有时因为不慎，会谈及一些令交谈对象感到伤感、不快的话题，或者对方不感兴趣的话题，如凶杀、惨案、灾祸、疾病、死亡、挫折等话题都是令人反感的。碰上这种情况时，应立即转移话题，必要时要向对方道歉。

3. 交谈的方式

成功的交谈，不仅需要讲究内容，而且还要注意方式。常见的交谈方式主要有倾泻式、评判式、启发式和跳跃式四种。

（1）倾泻式。这种方式是以对听者最大的信赖为基础，敞开自己的心灵之窗，将自己的喜怒哀乐全部告诉对方，让其帮助评判和选择。

（2）评判式。这种方式需要抓住对方谈话时的间隙，恰如其分地插话，以表明自己的看法或表示自己的关切，这样有益于促进思想感情的交流。但插话不是粗鲁地打断对方的话，更不是妄加评论。

（3）启发式。这种方式适用于与那些拙于辞令的人交谈，要循循善诱，多方面进行启发，让其吐露心声。

（4）跳跃式。由于日常交往中的交谈，大部分是较为随意的聊天，没有固定的目的和主题，这就要注意适当转换话题，找出那些大家都感兴趣的话题来谈，这种交谈方式被称为“跳跃式”交谈。

二、接待筹划

一般情况下，宾客在到来之前会事先通知，接到通知后，公关人员接待准备工作的一般程序如下。

（一）了解来宾的情况

公关人员在接到通知后首先要了解来宾的基本情况，包括来宾的来访意图、目的和要求，来宾的单位、人数、身份、性别、民族、年龄和健康状况，以及来宾抵达和离开的具体时间、乘坐的交通工具和车次航班等，并将上述情况向主管部门领导报告，同时通知有关部门和人员做好相应的准备工作。

（二）确定接待规格

1. 接待规格的类型

从主陪人员的角度而言，接待规格分为高规格接待、对等规格接待和低规格接待三种类型。

（1）高规格接待。主要陪同人员比主要来宾的职位高，表明对被接待一方的重视和友好。

（2）对等规格接待。主要陪同人员与主要来宾的职位相当，这种类型最为常见。

（3）低规格接待。主要陪同人员比主要来宾的职位低。低规格接待要慎用。

2. 确定接待规格应考虑的因素

（1）主要由领导决定，公关人员提供参考意见。

（2）了解对方来宾的最高身份。

（3）与我方的关系如何。

（4）对以前接待过的来宾参照上次标准。

（5）有突发性情况导致规格降低时需向对方解释清楚并道歉。

总之，不论采用哪一种接待规格，公关人员提出建议后，由领导决定。一旦定下来，接待人员应当把主要陪同人的情况和日程安排告知对方，征求意见，加以确认。

3. 接待经费

（1）明确经费来源。

（2）不得擅自更改接待标准，严格执行组织有关规定。

（3）本着“少花钱、多办事”的原则安排接待工作，反对铺张浪费。

（三）制订接待计划

“凡事预则立，不预则废”。接待来访者，制订接待计划很有必要，这样可以使有关人员提前安排好自己的时间，保证接待工作顺利开展。接待工作的计划一般包括三个方面的内容，即确定接待规格、拟定日程安排和开列接待经费。涉及的具体内容有：

（1）确定来宾的单位、来访的目的和要求、人数、性别、身份、生活习惯和抵离的日期等。

（2）安排工作日程。通常可制定一份详尽的日程安排表（见表 1－1）。

（3）确定接待工作的负责人、专职陪同人员和接待人员。

（4）确定来宾的住宿地点、标准、房间数量等。

（5）确定会见、会谈的时间、地点，参加的人员、人数。

（6）确定宴请的时间、地点、规格、人数、次数。

（7）确定参观游览或娱乐等活动的时间、地点、人数、次数和陪同人员。

（8）安排接待期间的交通工具。

（9）安排接待期间的安全保卫工作，包括饮食卫生和人身、财产安全等。

（10）做好经费预算。接待经费主要包括住宿费、餐饮费、劳务费（讲课、做报告等的费用）、交通费、工作经费（租借会议室、打印资料、通信等的费用）、考察参观娱乐费、纪念品费、其他费用等。通常可制定一份费用列支表（见表 1－2）。

制订好接待计划后，送交领导批准，一经批准，就应按照方案组织人力、物力、财力做好接待准备工作。同时，制作并填写表格，印发给各有关人员，使有关人员明确自己在此次接待工作中的任务和责任，提前安排好工作，确保接待工作圆满完成。

表 1-1　日程安排表

时　间	地　点	活动安排	陪同人员	备　注

表 1-2　费用列支表

单位：元

	×日	×日	×日	合　计
住宿费				
餐饮费				
交通费				
参观旅游费				
资料费				
……				
总　计				

【思考练习】

1. 单选题

(1) 自我介绍时要注意时机、内容和（　　）。

A. 独特　　B. 时尚　　C. 分寸　　D. 顺序

(2) 交谈的过程不宜选择的主题有（　　）。

A. 时尚的主题　　B. 沉重的主题　　C. 既定的主题　　D. 高雅的主题

(3) 以联络感情、表示友好、发展友谊、沟通信息为目的的宴请形式是（　　）。

A. 公务宴会　　B. 私人宴会　　C. 便餐　　D. 工作餐

2. 判断题

(1) 一般在正式公关接待活动中，人们彼此之间的称呼亲切自然即可。（　　）

(2) 在公务场合，介绍来宾和主人认识时，应先介绍来宾，后介绍主人。（　　）

(3) 接打电话时，通话时间一般应遵守“三分钟原则”。（　　）

(4) 基层单位接待上级机关领导时，通常都应采用高规格接待。（　　）

(5) 安排接待工作时，要本着“少花钱、多办事”的原则，反对铺张浪费。（　　）

3. 简答题

（1）自我介绍的形式有哪些？

（2）如何向他人索取名片？

（3）简述筹划宴请的基本程序。

（4）接待计划应包含哪些主要内容？

任务二 公关文书

【任务目标】

1. 了解介绍信的作用、结构和写法
2. 了解邀请函的结构和写法
3. 掌握欢迎词、欢送词和答谢词的写作格式
4. 熟悉通知的类型和写作格式
5. 学会制作海报

【任务情景】

王鹏是某高等职业学院市场营销专业的一名大三学生，他要利用寒假时间去与学校合作的校外实习基地PE公司实习，临行前院系办公室张主任为其开具了介绍信。

报到后王鹏被分配到了PE公司的公关部实习。公关部的刘经理交给他的第一项任务便是让他写一封邀请函，邀请上级主管部门和相关的合作单位的有关人员参加PE公司一年一度的迎新年联欢会。王鹏很出色地完成了这项任务。很快他又接到了新的任务，PE公司要与王鹏所在的学院进行一次关于校企合作和人才引进的研讨会，在研讨会上PE公司董事长要对王鹏所在学院的院长一行人致欢迎词，研讨会即将结束时，公司领导要对学院专家的到来及提出的宝贵意见表示感谢，需要致答谢词。研讨会结束后，公司要宴请学院领导及有关专家，宴请会上，企业领导要致欢送词。公关部刘经理把写一份欢迎词、一份答谢词和一份欢送词的任务又交给了王鹏。王鹏同样很出色地完成了这项任务，同时研讨会也如期圆满举行。

此后，王鹏的学院为了使此次研讨会的成果更好地得以落实，准备邀请PE公司的人力资源部薛经理来学院为广大师生做“关于人才培养模式与加强校企合作”的专题讲座，学院领导要求办公室制作一份宣传海报，同时拟定一份通知，要求各系的有关领导和教师积极参加。

【任务分析】

1. 实操任务

（1）拟写介绍信。

（2）撰写邀请函。

（3）拟写欢迎词、欢送词和答谢词。

（4）拟写通知。

（5）制作海报。

2. 实操准备

（1）本实操任务可在教室、机房或实训室等场所进行。

（2）硬件准备：计算机、打印机、A4 打印纸。

3. 实操要求

（1）公关文书要符合写作要求，格式规范。

（2）将文字录入计算机，并按照规定的排版格式进行排版。

（3）各项任务完成后，学生之间互相评价并打分，也可轮流展示自己的作品，并做好记录工作。

【任务实施】

1. 拟写介绍信

工作目标	了解介绍信的功能和写作规范	实操时间	1 学时
工作内容	1. 了解介绍信的功能 2. 拟写介绍信		
提交文件	介绍信		
工作心得			

2. 撰写邀请函

工作目标	了解邀请函写作的格式及内容	实操时间	1 学时
工作内容	1. 确定邀请人名单（收集学院代表的信息） 2. 撰写邀请函		
提交文件	邀请函		
工作心得			

3. 拟写欢迎词

工作目标	熟练掌握欢迎词写作的格式及要领	实操时间	1学时
工作内容	拟写欢迎词		
提交文件	欢迎词		
工作心得			

4. 拟写欢送词

工作目标	熟练掌握欢送词写作的格式及要领	实操时间	1学时
工作内容	拟写欢送词		
提交文件	欢送词		
工作心得			

5. 拟写答谢词

工作目标	熟练掌握答谢词写作的格式及要领	实操时间	1学时
工作内容	拟写答谢词		
提交文件	答谢词		
工作心得			

6. 拟写通知

工作目标	熟悉通知的种类和写法	实操时间	1学时
工作内容	1. 了解通知的种类 2. 拟写会议通知		
提交文件	会议通知		
工作心得			

7. 制作海报

工作目标	了解海报的种类和写法	实操时间	1学时
工作内容	1. 了解海报的种类 2. 制作海报		
提交文件	海报		
工作心得			

【任务考评】

公关文书工作考评表

考评人		被考评人	
考评地点			
考评内容	介绍信、邀请函、欢迎词、欢送词、答谢词、通知、海报		

考评标准	标准分值	得分
介绍信写作格式规范、内容正确	10分	
邀请函写作格式规范、内容正确	10分	
欢迎词写作格式规范、内容正确	10分	
欢送词写作格式规范、内容正确	10分	
答谢词写作格式规范、内容正确	10分	
通知写作格式规范、内容正确	10分	
海报写作内容完整、创意新颖	10分	
字体、字号正确规范，排版美观	10分	
文书结构完整、层次清楚、语句通顺、用词准确	10分	
工作心得（问题与收获）	10分	
合　计	100分	

【理论要点】

一、介绍信

介绍信是用来介绍联系接洽事宜的一种应用文体，是应用写作研究的文体之一。使用介绍信，可以使对方了解来人的身份和目的，以便得到对方的信任和支持。

（一）介绍信的概念

介绍信是指机关团体、企事业单位派人到其他单位联系工作、了解情况或参加各种社会活动时用的函件，是介绍派出人员的身份和任务的专用信件。

（二）介绍信的特点

1. 证明的特性

介绍信是机关团体、企事业单位必备的具有介绍、证明作用的书信。持有介绍信的人，可以凭借此信同有关单位或个人联系，商量洽谈一些具体事宜，而接收介绍信的一方则可以从对方的介绍信中了解来人的职业和身份、要办的事情、要见的人、有什么希望和要求等。介绍信是联结双方关系的一座桥梁，其目的在于证明来人的身份，以防假冒。

2. 时效的特性

介绍信就相当于一个在一定时间内的有效证件，它可以帮助对方了解你的身份、来历，同时也赋予你一定的责任和权利，所以介绍信一般都开列出一定的时日期限，这是一种在限期内有用的专用文书。

（三）介绍信的作用

介绍信主要用于联系工作、洽谈业务、参加会议、了解情况时的自我说明。对于持信人而言，介绍信具有介绍、证明双重作用。

（四）介绍信的种类

1. 手写式介绍信

手写式介绍信也叫便函式介绍信，一般书写在公文信纸或机关、团体、单位自制的信笺上，最后加盖公章即可。

这是一种比较便捷的介绍信方式，但因其用纸、书写没有什么严格的要求，所以容易被人伪造，在正规场合下要少用这种介绍信。

2. 印刷式介绍信

印刷式介绍信是一种正式的介绍信，铅印成文，内容格式等已经事先印刷出来，使用者只需按空填写姓名、单位等内容，另加盖公章即可。

印刷式介绍信又可分为两种：一种是带存根的介绍信；另一种是不带存根的介绍信。

（五）介绍信的结构与写法

1. 手写式介绍信的结构与写法

（1）标题。

在信纸第一行居中写“介绍信”三个字。

（2）称呼。

提行顶格写收信单位名称（全称）或个人姓名，姓名后加“同志”“先生”“女士”等称呼，再加冒号。

（3）正文。

另起一行，开头空两格写正文，一般不分段。要写清楚如下三点：1）派遣人员的姓名、人数、身份、职务、职称等；2）所要联系的工作、接洽的事项等；3）对收信单位或个人的希望、要求等，如“请接洽”“请予协助”等。

（4）结尾。

结尾写上表示致敬或者祝愿的话，如“此致，敬礼”等。

（5）落款。

出具介绍信的单位名称写在正文右下方，成文日期写在单位名称的下方，加盖单位公章。

（6）附注。

注明介绍信的有效期限，具体天数用大写。

[范例]

介绍信

姓名或单位名称：

兹介绍我公司______同志（等__________人）（系我公司__________），前往贵处联系__________________________，请予以接洽。

此致

敬礼！

××公司（盖章）

××××年××月××日

（有效期N天）

---

2. 带存根的印刷式介绍信的结构与写法

（1）存根联部分。

存根联的第一行正中写有“介绍信”三个字，字体要大；紧接着“介绍信”之后，用括号注明“存根”两个字。第二行，在右下方写有“××字×号”字样，“×号”是介绍信的编号。正文要另起一行写介绍信的内容，具体由以下两项构成：一是被介绍对象的姓名、人数及相关的身份内容介绍，还要写明前往何处何单位；二是具体说明办理什么事情、有什么要求等。结尾只注明成文日期即可，不必署名，因为存根仅供本单位留存备查。

（2）间缝部分。

存根部分与正式联部分之间有一条虚线，虚线上的介绍信编号，即“××字×号”字样，应与存根部分的编号一致。要求数字要大写，如“壹佰叁拾肆号”，字号要大些，便于从虚线处截开后，字迹在存根联和正式联各有一半。同时，应在虚线正中加盖公章。

（3）正式联部分。

本部分基本与便函式介绍信相同，只是要在标题右下方再注明介绍信编号，即“××字×号”，内容照存根联填写。

[范例]

介绍信（存根）

××字××号

______同志〈等____________人〉（系我公司____________），前往____________处联系______________________________。

年　月　日

（有效期N天）

……………………××字×号……………………（盖章）……………………

介绍信

××字×号

姓名或单位名称：

兹介绍我公司______同志〈等____________人〉（系我公司____________），前往贵处联系______________________________。请予以接洽。

此致

敬礼！

××公司（盖章）

××××年××月××日

（有效期N天）

（六）介绍信写作的注意事项

（1）要填写被介绍人的真实姓名、身份，不得虚假编造，冒名顶替。派人办理重要或保密事项，要注明被派人员的政治面貌、职务。

（2）接洽事宜要写得具体、简明，与此无关的不要写，力求简明扼要，不要太长。

（3）要注明使用介绍信的有效期限，天数要大写。

（4）介绍信必须加盖公章，以免以后造成不必要的麻烦。查看介绍信时，要核对公章和介绍信的有效期限。带存根的介绍信除正式联部分需加盖公章外，存根与正式联的虚线正中亦要加盖公章。

（5）带存根的介绍信，存根联和正式联要内容完全一致，存根底稿要妥善保存，以备今后查考。

（6）介绍信字迹要工整，不能随意涂改。有涂改的地方，可加盖公章，否则此介绍信将被视为无效。

二、邀请函

（一）邀请函的概念

邀请函是邀请亲朋好友或知名人士、专家等参加某项活动时所发的请约性书信。

（二）邀请函的分类

1. 请柬

请柬是一种正规的邀请信，一般适用于较庄重严肃的场合。请柬的格式严谨而固定。

2. 一般的邀请信

一般的邀请信通常适用于一些平常事情的邀请，而且邀请人同被邀请人之间很熟悉。一般的邀请信具有简短、热情的特点。

（三）邀请函的结构与写法

1. 请柬的结构和写法

（1）标题。

在封面上写明“请柬”或“请帖”字样，若请柬没有封面，“请柬”二字要写在第一行中间。

（2）称呼。

抬头写被邀请者名称（个人的姓名或单位名称），即在请柬的背面第一行顶格写上被邀请的单位名称或个人姓名。个人姓名后面加上“先生”“总裁”等相应的称呼。

（3）正文。

首先交代邀请参加的活动内容，如开座谈会、联欢晚会，过生日等；其次要交代举行活动的时间和地点，如果是观看表演还应将入场券附上。

（4）结尾。

在正文后另起一行空两格写“敬请”二字，然后再另起一行顶格写“光临”二字，或者“致以——敬礼”“顺致——崇高的敬意”等。

（5）落款。

注明邀请者（个人、单位）的名称和发出请柬的时间。

2. 一般的邀请信的结构和写法

（1）标题。

在第一行居中写文种“邀请函”三个字，或者写“邀请场合＋文种”，如“关于出席××研讨会的邀请函”。

（2）称呼。

提行顶格写被邀请人姓名，在个人姓名后面加上“先生”“总裁”等相应的称呼，再加冒号。

（3）正文。

另起一行，空两格写正文。正文一般包括如下内容：第一，说明邀请对方参加什么活动、邀请的原因是什么；第二，将活动安排的细节及注意事项告诉对方，诸如时间、地点、参加人员、人数，做些什么样的准备及服饰要求等；第三，为了方便安排活动，如有必要，可注明请对方予以回复，看看能否应邀及还有哪些要求等。

（4）结尾。

另起一行空两格，写上表示邀请的话，如“特邀请您届时出席”等。

（5）落款。

邀请单位名称写在正文右下方，成文日期写在单位名称的下方，加盖单位公章。

（四）邀请函写作的注意事项

1. 请柬写作的注意事项

（1）一般只有遇到较大的事情或邀请出席庄重的场合才使用请柬，以示对被邀请者的尊重。

（2）请柬的发送要掌握好时间。

（3）请柬的语言要文雅、大方、热情。

2. 一般的邀请信写作的注意事项

（1）被邀请人要用第二人称，参加活动的时间、地点要写得清楚明确。

（2）希望被邀请人收到邀请信后给予答复的，则须在邀请信上注明“请答复”字样（R. S. V. P）。为了方便联系，可留下自己的电话号码或地址。

（3）如果对参加活动的人有具体要求，可简单地在邀请信上注明。比如对服装的要求，要求穿礼服时，须在邀请信的右下角注明“服装：正式服装/Dress：Formal”；较随意时可用：“服装：随意/Dress：Informal”。

三、欢迎词

（一）欢迎词的概念

欢迎词是指由东道主出面对宾客的到来表示欢迎的讲话文稿，一般是指行政机关、企事业单位、社会团体或个人在公共场合欢迎友好团体或个人来访时致辞的讲话稿。

按照社交的公关性质，欢迎词一般可以分为私人交往欢迎词和公事往来欢迎词。

私人交往欢迎词一般是在个人举行的较大型的宴会、聚会、茶会、舞会、讨论会等非官方的场合下使用的欢迎稿。致欢迎词通常要在正式活动开始前进行。私人交往欢迎词往往具有很大的即时性、现场性。公事往来欢迎词一般在较庄重的公共事务中使用，要有事先准备好的得体的书面稿，文字措辞上要比私人交往欢迎词更加正式。

（二）欢迎词的特点

1. 欢愉性

中国有句古话“有朋自远方来，不亦乐乎”，所以致欢迎词时应当有一种愉快的心情，言辞用语务必富有激情、真诚。只有这样才可给客人一种“宾至如归”的感觉，为下一步各种活动的完满举行打下好的基础。

2. 口语性

欢迎词本意是现场当面向宾客口头表达的，所以口语化是欢迎词文字上的必然要求，在遣词用语上要运用生活化的语言，既简洁又富有生活的情趣。口语化会拉近主人同来宾的亲切关系。

（三）欢迎词的写作格式

欢迎词一般由标题、称呼、正文和落款四部分组成。

1. 标题

欢迎词的标题写法一般有两种：一种是欢迎场合或对象＋文种构成，如“在校庆50周年纪念会上的欢迎词”；另一种是单独以文种命名，如“欢迎词”。

2. 称呼

面对宾客，宜用亲切的尊称，如“亲爱的朋友”“尊敬的领导”等。称呼要提行顶格写，并且在称呼后加冒号。

3. 正文

欢迎词的正文一般由开头、中段和结尾三部分构成。

（1）开头。

开头通常应说明现场举行的是何种仪式，发言者代表什么人向哪些来宾表示欢迎。

（2）中段。

中段先写表示欢迎的话，说明欢迎的缘由；接着写宾客来访的目的、意义、作用。对初次来访者，可多介绍本组织的情况；继而可回顾叙述彼此交往的历史与情谊，说明交往的意义，赞扬宾客在某些方面的贡献及双方友好合作的成果，表示继续加强合作的意愿、希望。

（3）结尾。

通常在结尾处再次向来宾表示欢迎，并表达自己对今后合作的良好祝愿。

4. 落款

用于讲话的欢迎词无须署名。若需刊载，则应在题目下方或文末署名。欢迎词的落款要署上致辞单位名称、致辞者的身份与姓名，并署上成文日期。

（四）欢迎词写作的注意事项

欢迎词是出于礼仪的需要而使用的，写作时应注意以下几点：

1. 礼貌

称呼要用尊称，感情要真挚，要能较得体地表达自己的原则立场。

2. 谨慎

措辞要慎重，勿信口开河，同时要注意尊重对方的风俗习惯，应避开对方的忌讳，以免发生误会。

3. 热情

语言要精确、热情、友好、温和、诚恳，感情要真挚，但对主宾的赞颂和评价要热情而中肯，不要过分。

4. 精练

整个篇幅不宜过长，可以有适当的联想与发挥，要营造友好和谐的气氛。回顾以往的叙述要简洁，议论不要过多，力求精当。一般的欢迎词都是一种礼节性的外交或公关辞令，宜短小精悍，言简意赅，不必长篇大论。

[范例]

欢迎词

尊敬的各位领导、专家、同人、朋友们：

在这春意盎然的季节，非常欢迎各位领导、专家在百忙之中莅临我厂参加全省新能源良性循环发展经验交流会议。各位领导、专家的到来不仅是对我们工作的检查指导，更是给我们提供了一次极好的学习交流机会。在此，我代表公司全体员工对各位表示最真挚的感谢和最热烈的欢迎！

…………

我们将以这次会议为契机，认真学习借鉴各方面的先进经验，取长补短，开拓创新，不断强化员工业务技能培训，建设一支业务精良、纪律严明、思想高尚、作风过硬的员工队伍，为推动我省新能源良性循环发展贡献一份力量！

最后，欢迎各位领导、专家多提宝贵意见。祝大家身体健康，万事如意，谢谢大家！

四、欢送词

（一）欢送词的概念

欢送词是指主人为表达对客人的欢送之意，在一些会议或重大庆典活动、参观访问等结束时的讲话，也指领导人在欢送仪式或宴会上对来宾表示欢送的演讲稿。欢送词与欢迎词相比，除应用的时间、场合不同，并无实质性的区别。

（二）欢送词的特点

1. 惜别性

有句古诗说得好，“相见时难别亦难”，中国人重情谊这一千古不变的民族传统精神在今天更显得珍贵。欢送词要表达亲朋好友、客人远行时的感受，所以依依惜别之情要溢于言表。当然格调也不可过于低沉，尤其是公共事务的交往更应把握好分别时所用言辞的分寸。

2. 口语性

同欢迎词一样，口语性也是欢送词的一个显著特点之一。遣词造句也应注意使用生活化的语言，使送别自然得体。

（三）欢送词的写作格式

1. 标题

欢送词的标题写法一般有两种：一种是由“欢送场合或对象＋文种”构成，如“在××研讨会结束典礼上的讲话”；另一种是单独以文种命名，如“欢送词”。

2. 称呼

面对宾客，宜用亲切的尊称，如“亲爱的××大学各位同人”“尊敬的领导”等。称呼要提行顶格写，并且在称呼后加冒号。

3. 正文

欢送词的正文一般由开头、中段和结尾三部分构成。

（1）开头。

通常应说明此时在举行何种欢送仪式，发言人是以什么身份代表哪些人向宾客表示欢送。

（2）中段。

在这一部分要先回顾和阐述双方在合作或访问期间在哪些问题和项目上达成了一致的立场、取得了哪些有突破性的进展，陈述本次的合作交流给双方所带来的益处，阐述其深远的历史意义；对于私人欢送词还应注意表达双方在共事合作期间彼此友谊的加深以及分别之后的想念之情。若为朋友送行，还要加上一些勉励的话。

（3）结尾。

再次向来宾表示真挚的欢送之情，并表达期待再次合作的心愿。亲朋远行尤其要表达希望早日团聚的惜别之情。

4. 落款

用于讲话的欢送词无须署名。若需刊载，则应在题目下方或文末署名。欢送词的落款要署上致辞单位名称、致辞者的身份与姓名，并署上成文日期。

（四）欢送词写作的注意事项

（1）称呼要用尊称，注意宾客身份，致辞要恰到好处，感情要真挚、诚恳。

（2）措辞要慎重，勿信口开河，要尊重对方风俗习惯，以免发生误会。语言要精确、热情、友好、温和。欢送词也是一种礼节性的社交公关辞令，因此要言简意赅、短小精悍，篇幅不宜过长，这样更宜于表达主人对宾客的尊重和礼貌。

[范例]

欢送词

尊敬的×××先生：

再过两小时，您就要起程回国了。我代表×××集团公司，并受×××副部长之托，向您及您率领的代表团全体成员表示欢送！

我十分高兴地看到，近一个星期以来，我们双方本着互惠互让的原则，经过多次会谈，达成了四个实质性协议，取得了令人满意的成果。在此，我们对您在洽谈中表现出的诚意和合作态度深表感谢！我衷心地希望我们双方今后一如既往，为进一步发展经济贸易往来而共同努力！

我们期待着您和您的同事们明年再来这里访问。

谨致最美好的祝愿！

五、答谢词

（一）答谢词的概念

答谢词是指在特定的公关礼仪场合，主人致欢迎词或欢送词后，客人所发表的对主人的热情接待或关照表示谢意的讲话。答谢词也指客人在举行必要的答谢活动时所发表的感谢主人盛情款待的讲话。

（二）答谢词的基本类型

依据不同的致谢缘由和致谢内容，答谢词可分为两个基本类型：

1. “谢遇型”答谢词

“遇”，招待，款待。“谢遇型”答谢词，即用来答谢别人的招待的致辞，它常用于宾主之间，既可用于欢迎仪式、会见仪式上与“欢迎词”相应，也可用于欢送仪式、告别仪式上与“欢送词”相应。

2. “谢恩型”答谢词

“恩”，受到的好处，即别人的帮助。“谢恩型”答谢词，即用来答谢别人帮助的致辞。它常用于捐赠仪式或某种送别仪式。

（三）答谢词的写作格式

答谢词一般也是由标题、称呼、正文和落款四部分组成。

1. 标题

一般用文种“答谢词”作为标题，居中书写。

2. 称呼

面对宾客，宜用亲切的尊称，如“亲爱的朋友”“尊敬的领导”等。称呼要提行顶格写，并且在称呼后加冒号。

3. 正文

答谢词的正文一般由开头、中段和结尾三部分构成。

（1）开头。

简述答谢的背景、原因；对主人的盛情表示感谢，并对对方的优越性予以肯定，表达出自己的荣幸与激动。这是答谢词的写作重点。

（2）中段。

畅叙情谊，或表明自己来访的意图、诚意、印象、成果，要对对方的情况做较详细的介绍，以示尊重，还要进一步申述有关的愿望。

（3）结尾。

祝愿，或再次用简短的语言表示谢意。

4. 落款

用于讲话的答谢词无须署名。若需刊载，则应在题目下方或文末署名。答谢词的落款要署上致辞单位名称、致辞者的身份与姓名，并署上成文日期。

（四）答谢词写作的注意事项

在写作答谢词时要注意内容与结构合乎规范；感情要真挚、坦诚而热烈；评价要适度，要恰如其分；篇幅要简短，语言要精练。

[范例]

答谢词

尊敬的×××先生、亲爱的×××集团公司的朋友们：

首先，请允许我代表全体成员对×××先生及×××集团公司对我们的盛情接待表示衷心的感谢。

我们一行七人代表××公司首次来贵地访问，此次来访时间虽短，但收获颇大。仅三天时间，我们对贵地的电商业有了比较全面的了解，与贵公司建立了友好的技术合作关系，并成功地洽谈了××网络技术合作事宜。这一切都得益于贵公司的真诚合作和大力支持。对此，我们表示衷心的感谢。

电商业是新兴的产业，蒸蒸日上，有着广阔的发展前景。贵公司拥有一支由网络专家组成的庞大队伍，技术力量相当雄厚，在网络运营市场中一枝独秀。我们有幸与贵公司建立友好的技术合作关系，为我地电商业的发展提供了新的契机，必将推动我地的电商业迈上一个新台阶。

最后我代表××公司再次向贵公司表示感谢，并祝贵公司迅猛发展，再创奇迹。更希望彼此继续加强合作，共创更加美好的明天。

六、通知

(一) 通知的概念

通知是运用广泛的知照性公文，用于批转下级机关的公文，转发上级机关和不相隶属机关的公文，传达要求下级机关办理和需要有关单位周知或者执行的事项，任免人员等。它是运用得最广泛的一种下行文。

(二) 通知的类型

1. 批转性通知

批转性通知适用于上级机关批转下级机关的公文（如请示、报告、总结等）给相关单位或人员，让他们周知或执行。

2. 转发性通知

转发性通知用于转发上级机关和不相隶属的机关的公文给所属人员，让他们周知或执行。

3. 指示性通知

指示性通知用于上级机关指示下级机关如何开展工作。

4. 事务性通知

事务性通知用于事务性工作的处理，以及需要相关单位、人员周知的事项。较常见的有会议通知、放假通知、机构成立或撤销的通知等。

5. 任免性通知

任免性通知用于任命或免去干部职务。

(三) 通知的写作格式

通知是由标题、主送机关、正文和落款四部分组成。

1. 标题

通知的标题一般有两种写法：一种是完整型标题，由“发文机关＋事由＋文种”构成，如“中共中央办公厅、国务院办公厅关于严禁用公费变相出国（境）旅游的通知”；另一种是由“事由＋文种”构成，如“关于印发《规范国有土地租赁若干意见》的通知”。

一般情况下，指示性通知、批转性通知、转发性通知的标题要求使用完整型标题，三要素齐备，以便于收文方准确理解、执行和办理；其他会议类通知、任免通知可视情况精简发文机关部分。另外，发布、转发的文件如属于法规类文件，则在原文标题处加书名号，其他类型文件不加书名号。

2. 主送机关

主送机关是必须承办、执行和应当知晓该通知的受文机关。通知的发文对象比较广泛，当主送机关较多时，要注意主送机关排列的规范性。

3. 正文

（1）批转、转发性通知的写法。

批转、转发性通知的写法简单，一般在正文中简单写明“批转、转发……文件，请贯彻执行”就行了。如有需要，发文单位也可对原文件发表一点意见或评价，如要求下级机关“参考”“参阅”“参照执行”“遵照办理”“研究执行”“认真贯彻执行”等。常用“现将《……》转发给你们，望（请）……认真贯彻执行”的句式。

（2）指示性通知的写法。

指示性通知的正文一般由通知缘由和应知事项组成。在通知缘由中要写明通知的主要根据（如国家方针政策、会议精神、工作的开展近况与存在问题等）、原因或目的。在应知事项中交代工作任务，规定政策界定，阐明具体措施或指出应该注意的问题等。指示性通知多采用条文式陈述。

（3）事务性通知的写法。

通常事务性通知只需把需要周知或执行的事写清楚就行了，但是在会议通知中，要求写明召开会议的名称、目的、议题、时间、地点。同时如有需要，还要写明参加会议人员的要求、注意事项，以及筹办会议的单位名称、联系人、联系地址、电话号码和会议食宿安排、去会址路线、接洽标志等。

（4）任免性通知的写法。

任免性通知要求写明批准的机关、日期与被任免人员的职务、姓名，并且要求先任命，后免职。

4. 落款

在正文的右下方另起一行写明发文单位名称的全称，以及成文日期。

七、海报

（一）海报的概念

海报是向公众报道或介绍有关电影、戏剧、杂技表演、体育活动、学术报告会等的消息时所使用的一种招贴性应用文。

（二）海报的特点

1. 宣传性

海报是广告的一种，使用海报的目的是吸引社会各界的参与。海报可以在媒体上刊登、播放，但大部分是张贴于人们易于见到的地方，其广告色彩极其浓厚。

2. 商业性

海报是为某项活动做的前期广告和宣传，其目的是让人们参与其中，演出类海报占海报中的大部分，而演出类海报又往往着眼于商业性目的。当然，学术报告类的海报一般是不具有商业性的。

（三）海报的分类

1. 电影海报

这是影剧院公布演出电影的名称、时间、地点及介绍电影的内容的一种海报。这类海报有的还会配上简单的宣传画，将电影中的主要人物画面形象地描绘出来，以加强宣传的力度。

2. 文艺晚会、体育比赛类海报

此类活动是观众可以身临其境进行娱乐观赏的，因此这类海报一般有较强的参与性。海报的设计往往要新颖别致，引人入胜。

3. 学术报告类海报

这是一种为一些学术性活动发布的海报，一般张贴在学校或相关的单位。学术报告类海报具有较强的针对性。

4. 个性海报

个性海报是指自己设计并制作，具有明显 DIY 特点的海报。

（四）海报的结构和写法

海报一般由标题、正文和落款三部分组成。

1. 标题

海报的标题写法较多，大体可以有以下一些形式：

其一，单独由文种名构成，即在第一行中间写上“海报”字样。

其二，直接写活动的内容，如“舞讯”“影讯”“球讯”等。

其三，可以是一些描述性的文字，如“×××再显风采”“××旧事重提”。

2. 正文

海报的正文要求写清楚三项内容：一是活动的目的和意义；二是活动的主要项目、时

间、地点等；三是参加活动的具体方法及一些必要的注意事项等。

3. 落款

要求署上主办单位的名称及海报的发文日期。

以上格式是就海报的整体而讲的，在实际的制作中，有些内容可以少写或省略。

（五）海报写作的注意事项

（1）海报一定要具体写明活动的地点、时间及主要内容。文中可以用些鼓动性的词语，但不可夸大事实。

（2）海报文字要求简洁明了，篇幅要短小精悍。

（3）海报的版式可以做些艺术性的处理，以吸引观众。

【思考练习】

1. 单选题

（1）介绍信是机关团体必备的具有介绍和（　　）作用的书信。

A. 宣传　　B. 保护　　C. 商业　　D. 证明

（2）欢送词具有惜别性和（　　）的特点。

A. 书面性　　B. 口语性　　C. 欢愉性　　D. 高雅性

2. 判断题

（1）存根式介绍信的存根部分所写内容与便函式介绍信的内容相同。（　　）

（2）事务性通知用于上级机关指导下级机关如何开展工作。（　　）

（3）“谢遇型”答谢词常用于捐赠仪式或某种送别仪式上。（　　）

（4）海报的版式可以做些艺术性的处理，以吸引观众。（　　）

3. 简答题

（1）介绍信写作的注意事项有哪些？

（2）简述答谢词的基本类型。

（3）简述一般邀请信的结构。

（4）海报的基本特点是什么？

任务三　公关演讲

【任务目标】

1. 掌握演讲稿的写作

2. 了解演讲活动的组织工作

3. 熟悉演讲的技巧

【任务情景】

A高等职业技术学院为提高学生的综合实践水平，丰富学生的课余生活，培养学生的语言表达技巧，增强学生的人际沟通能力，将于本学期末举办一场以“我为母校代言”为主题的演讲比赛，学院要求各系学生积极参加，认真撰写演讲稿，由校学生会承担本次演讲活动的组织工作。

【任务分析】

1. 实操任务

（1）撰写演讲稿。

（2）组织演讲活动。

（3）模拟演讲。

2. 实操准备

（1）本实操任务可在教室、机房或实训室等场所进行。

（2）硬件准备：计算机，打印机，A4打印纸，演讲用的音响、投影仪、幻灯机、麦克风等设备，演讲条幅，标识标语等。

3. 实操要求

（1）演讲稿要符合写作规范。

（2）将演讲稿的文字录入计算机，并按照规定的排版格式进行排版。

（3）做好演讲活动现场的布置和演讲比赛流程的安排。

（4）学生按顺序模拟演讲，教师进行点评。

【任务实施】

1. 撰写演讲稿

工作目标	掌握演讲稿的写作	实操时间	1学时
工作内容	1. 了解演讲稿的结构和写作技巧 2. 撰写演讲稿		
提交文件	演讲稿		
工作心得			

2. 组织演讲活动

工作目标	学会布置演讲活动现场，安排演讲比赛流程	实操时间	1 学时
工作内容	1. 布置演讲比赛的场地 2. 安排演讲顺序 3. 对学生进行分组，主要包括评委组、演讲组和会务组。 4. 不同角色的学生了解自己的任务并进行准备。 5. 按程序进行演讲比赛活动。		
提交文件	演讲比赛的组织方案		
工作心得			

3. 模拟演讲

工作目标	演讲训练	实操时间	1 学时
工作内容	1. 了解演讲的方法和技巧 2. 学生现场进行演讲		
提交文件			
工作心得			

【任务考评】

公关演讲考评表

考评人		被考评人	
考评地点			
考评内容	演讲稿的写作、演讲活动的组织、演讲技巧		

考评标准	标准分值	得分
演讲稿格式规范、结构完整	20 分	
演讲主题鲜明、内容生动、层次清楚	20 分	
演讲语言流畅生动、富有感染力	20 分	
演讲者仪表大方、举止得体	10 分	
演讲时间把握较好	10 分	
演讲比赛组织规范、有序	10 分	
工作心得（问题与收获）	10 分	
合　计	100 分	

【理论要点】

一、演讲稿的写作

（一）演讲稿概述

演讲稿也叫演说辞，它是在较为隆重的仪式上和某些公众场所发表的讲话文稿。演讲稿是进行演讲的依据，是对演讲内容和形式的规范和提示，它体现着演讲的目的和手段、演讲的内容和形式。

演讲稿是人们在工作和社会生活中经常使用的一种文体，它可以用来交流思想、感情，表达主张、见解，也可以用来介绍自己的学习、工作情况和经验等。演讲稿具有宣传、鼓动、教育和欣赏等作用，它可以把演讲者的观点、主张与思想感情传达给听众以及读者，使他们信服并在思想感情上产生共鸣。演讲稿具有以下三个特点：

第一，针对性。所谓针对性，首先是演讲者提出的问题是听众所关心的问题，评论和论辩要有逻辑，要能为听众所接受并心悦诚服，这样，才能起到应有的社会效果。其次是要懂得听众有不同的对象和不同的层次，而公众场合也有不同的类型，如党团集会、专业性会议、服务性俱乐部、学校、社会团体、宗教团体、各类竞赛场合，写作时要根据不同场合和不同对象，为听众设计不同的演讲内容。

第二，可讲性。演讲的本质在于“讲”，而不在于“演”，它以“讲”为主、以“演”为辅。由于演讲要诉诸口头，拟稿时必须以“易说能讲”为前提。如果说有些文章和作品主要是让读者通过阅读欣赏来领略其中的意义和情味，那么，演讲稿的要求则是“上口入耳”。一篇好的演讲稿对演讲者来说要可讲，对听讲者来说应好听。

第三，鼓动性。演讲是一门艺术，好的演讲自有一种激发听众情绪、赢得好感的鼓动性。要做到这一点，必须依靠演讲稿思想内容的丰富、深刻，因此，演讲稿要见解精辟，有独到之处，发人深思，语言表达要形象、生动，富有感染力。如果演讲稿写得平淡无味，毫无新意，即使在现场“演”得再卖力，效果也不会好，甚至适得其反。

（二）演讲稿的结构

演讲稿的结构分开头、主体、结尾三个部分，其结构原则与一般文章大致一样。但是，由于演讲是具有时间性和空间性的活动，因而演讲稿的结构还具有其自身的特点，尤其是它的开头和结尾有特殊的要求。

1. 演讲稿的开头

演讲稿的开头要抓住听众，引人入胜，拒绝平庸，追求创新，设计一个精彩的开场白有利于塑造演讲的第一印象。

演讲开头有多种写法，通常用的主要有：（1）开门见山，提示主题；（2）介绍情况，说明根由；（3）提出问题，引起关注；（4）设问祈使，引起悬念；（5）幽默趣味，笑中开场；（6）成语名言，开首难忘；（7）媒介开头，新颖独特。

2. 演讲稿的主体

主体是演讲稿的核心部分，主体要环环相扣，层层深入。在行文的过程中，要处理好层次、节奏和衔接等几个问题。

（1）层次。

层次是指演讲稿思想内容的表现次序，它体现着演讲者思路展开的步骤，也反映了演讲者对客观事物的认识过程，演讲稿结构的层次是根据演讲的时空特点对演讲材料加以选取和组合而形成的。

（2）节奏。

节奏是指演讲内容在结构安排上表现出的张弛起伏。演讲稿结构的节奏，主要是通过演讲内容的变换来实现的。演讲内容的变换，是指在一个主题思想所统领的内容中，适当地插入幽默故事、诗文、逸事等内容，以便听众的注意力既保持高度集中而又不因为高度集中而产生兴奋性抑制。

（3）衔接。

衔接是指把演讲中的各个内容层次联结起来，使之具有浑然一体的整体感。由于演讲的节奏需要适时地变换演讲内容，因而也就容易使演讲稿的结构显得零散。衔接是对结构松紧、疏密的一种弥补，它使各个内容层次的变换更为巧妙和自然，使演讲稿富于整体感，有助于演讲主题的深入人心。演讲稿结构衔接的方法主要是运用同两段内容、两个层次有联系的过渡段或过渡句。

3. 演讲稿的结尾

演讲稿的结尾没有固定的格式，或对演讲全文要点进行简明扼要的小结，或以号召性、鼓动性的话收束，或以诗文名言以及幽默俏皮的话结尾，但一般原则是要给听众留下深刻的印象。常见的演讲稿的结尾可以分为四种：（1）总结概括；（2）首尾呼应；（3）点题示意；（4）展望号召。

（三）演讲稿写作的技巧

1. 了解对象，有的放矢

写演讲稿首先要了解听众对象，了解他们的思想状况、文化程度、职业状况如何，了解他们所关心和迫切需要解决的问题是什么，等等。否则，不看对象，演讲稿写得再花功夫，说得再天花乱坠，听众也会感到索然无味，无动于衷，也就达不到宣传、鼓动、教育和欣赏的目的。

2. 观点鲜明，感情真挚

演讲稿观点鲜明，显示着演讲者对一种理性认识的肯定，显示着演讲者对客观事物的见解深度，能给人以可信性和可靠感；演讲稿观点不鲜明，就缺乏说服力，就失去了演讲的作用。演讲稿还要有真挚的感情，这样才能打动人、感染人，有鼓动性。因此，它要求在表达上注意感情色彩，把说理和抒情结合起来。

3. 行文变化，富有波澜

构成演讲稿波澜的要素很多，如果能掌握听众的心理特征和认识事物的规律，恰当地选择材料，安排材料，就能使演讲在听众心里激起波澜。也就是说，演讲稿要写得有波澜，主要不是靠声调的高低，而是靠内容的有起有伏、有张有弛、有强调、有反复、有比较、有照应。

4. 语言流畅，深刻风趣

演讲者要把在头脑里构思的一切都写出来或说出来，让人们看得见，听得到，就必须借助语言这个交流思想的工具。因此，语言运用得好还是差，对写作演讲稿影响极大。要提高演讲稿的质量，就必须在语言的运用上下一番功夫。

二、演讲活动的组织

演讲活动是社会组织有计划、有目的的公关活动之一，公关人员应积极协助组织搞好演讲活动，实现公关目标。一般来说，需做好下述工作。

（一）演讲前的准备工作

（1）根据演讲活动的规模、范围、规格、参加人数及演讲主题等，选择适当的演讲场地。

（2）准备演讲用的音响、投影仪、幻灯机、麦克风等设备，把设备接插好后，通电测试，保证话筒和音响能正常工作，同时要多准备一两套，以防突发情况。

（3）根据演讲现场的需要，悬挂标识标语，做好宣传工作。

（4）确定演讲活动的主持人。演讲活动通常需要有主持人，一般要求主持人有较强的语言表达能力、敏捷的应变能力、稳定的心理素质、较强的协调能力和良好的气质风度等。

（二）演讲比赛现场的组织程序

（1）主持人宣布演讲比赛活动开始。

（2）按照提前安排好的演讲顺序进行演讲，每个选手演讲时间一般为5～8分钟。

（3）评委根据演讲者的演讲内容、语言表达、形象风度、综合印象和时间把握等方面进行评分。

（4）由组织人员进行评分结果的排序，评出一、二、三等奖。

（5）评委对演讲者的演讲情况进行点评。

（6）颁发奖状及奖品。

（三）善后工作

（1）公关人员可以安排相关电台、电视台或报社等媒体对演讲者进行采访。

（2）公关人员要把演讲稿的复印件有选择地寄给一些相关部门和知名人物。

（3）公关人员要将改写后的演讲稿在公司的出版物上发表或向某一合适的大众媒体投稿，以延伸演讲效益和扩大影响。

（4）公关人员要调查了解公众对演讲活动的看法和意见，以求吸取教训，总结经验。

三、演讲的技巧

（一）演讲前的准备技巧

1. 选择自己认同的题目

在选择演讲题目时，一定要跟自己的理念相吻合。如果强迫自己去谈一个没有感觉，甚至是持负面评价的题目，“硬搬”一些理由和资料，这样的演讲连自己都无法说服，更不要说去说服其他人了，所以一定要“选对题目”。

2. 把每一次演讲当成全新的体验

不论是向客户做简报，还是在会议中分享经验或对听众演讲，都要怀着全新的心情来说。无论你之前谈论过多少次，每一次就要当作一次全新的体验来期待，因为听众的兴趣和热忱，要靠演讲人来引发，如果连自己都觉得在“老生常谈”，听众就更不可能找到可以引发聆听热忱的火种。

3. 把重心放在听众身上

在演讲时，要把重心放在听众身上，如果只注意自己能够得到多少注目、能否得到热烈的掌声，那永远不会是一个成功的演讲者。因为，演讲的真正目的，并不是让演讲者感到有成就感，而是让所有的听众觉得自己受益良多。

（二）成功演讲的三要素

演讲是一门语言艺术，它的主要形式是“讲”，即运用有声语言并追求言辞的表现力和声音的感染力；同时还要辅之以“演”，即运用面部表情、手势动作、身体姿态乃至一切可以理解的态势语言，使讲话“艺术化”起来，从而产生一种特殊的艺术魅力。

1. 语言

演讲要根据听众的知识结构和文化修养，选用不同风格的语言。对一般群众的演讲可选用朴素的语言，而对文化素养较高的听众则可选用高雅的语言。在演讲的内容中可以适当穿插一些逸事或故事，运用比喻和比较的方法，引用一些名人名言等以吸引听众的注意力。

2. 声音

演讲者的声音包括音量、音质、吐字、连贯性、语音语调和语速等。成功的演讲应该做到：（1）语速适中，富于变化；（2）音量和语调适中，有起伏；（3）突出关键词；（4）适当停顿；（5）吐词有力、清晰。

3. 形体

（1）形象。

演讲者应通过发型、服装、仪容等塑造良好的形象，给观众留下一个难忘的第一印象。

（2）姿势。

演讲者在演讲时的姿势也会带给听众某种印象，例如堂堂正正的印象或者畏畏缩缩的印象。虽然个人的性格与平日的习惯对此影响颇大，不过一般而言，让身体放松是方便演讲的姿势，即所谓“轻松的姿势”。过度的紧张不但会表现出笨拙僵硬的姿势，而且对于舌头的动作也会造成不良的影响。身体放松的一个诀窍是双脚分开与肩同宽，挺稳整个身体；另一个诀窍是想办法分散并减轻施加在身体上的紧张情绪，例如将手触桌边或者手握麦克风等。

（3）面部表情。

演讲者演讲时的脸部表情会给听众带来极其深刻的印象。紧张、疲劳、喜悦、焦虑等情绪无不表露在脸上，这是很难由本人的意志来加以控制的。演讲的内容即使再精彩，如果表情总觉缺乏自信，老是畏畏缩缩，演讲就很容易变得欠缺说服力。

控制脸部的方法，首先“不可垂头”。人一旦“垂头”就会予人“丧气”之感，而且若视线不能与听众接触，就难以吸引听众的注意。其次是“缓慢说话”。说话速度一旦缓慢，情绪即可稳定，脸部表情也得以放松，从而全身上下也能够为之泰然自若起来。

（4）手势。

演讲者在演讲时的手势以自然为佳，最好就是日常的习惯性手势，在此基础上，可进行适当的修饰和设计，改掉一些不良的手势习惯。手势宁少勿多，不要让人感到生硬。

演讲者常用手势：双手或单手有力地指向对方或自己；用力握拳；曲起手指敲击桌面以加强语气；用力挥一下手；自然连续地转动手腕；双手平摊、耸肩；用手指表达数字；伸大拇指表示极度肯定和赞赏；摆V字造型表达胜利的信心或快乐；轻摆手指表示否定或轻蔑；用手指轻敲太阳穴表示思考等。

（5）目光。

演讲者在大众面前说话，应尽量避免仅仅扫视一下全场，只对着几个观众进行目光交流，盯着观众的前额或头顶看。要从容地和观众进行目光交流，目光在每个人身上应持续五秒钟或者持续到一个意图表达完整之后。此外，把自己的视线投向强烈“点头”以示肯定的人，对巩固信心来进行演说也具有效果。

（6）站姿。

演讲者在演讲时身体要挺直、舒展、自然，不要左右摇摆。在想向听众表达一种传递信息的欲望时，应适度前倾；在表达一种神圣感或渲染某种深远的情绪，希望将听众共同带往一种情绪境地时，可采用微仰头、仰望苍穹等姿态，如共同展望等。

（7）使用视觉辅助器材的方式。

演讲者要注意把内容调整好后再打开仪器；避免身体挡住屏幕或示范物；避免对着屏幕、活动板说话或边说边写；要查问听众是否看得清楚；不用时和解答问题前遮蔽或关掉仪器。

【思考练习】

1. 单选题

（1）下列哪一项不属于演讲稿的特点？（　　）

A. 针对性　　B. 可讲性

C. 鼓动性　　D. 专业性

（2）演讲内容在结构安排上表现出的张弛起伏被称为（　　）。

A. 节奏　　B. 衔接

C. 韵律　　D. 层次

2. 判断题

（1）演讲要以“演”为主，以“讲”为辅。（　　）

（2）演讲的语言要专业规范，不能过于通俗。（　　）

（3）演讲者在演讲时，要把重心放在听众身上。（　　）

（4）演讲时的手势以自然为佳，最好就是日常的习惯性手势。（　　）

3. 简答题

（1）撰写演讲稿的基本技巧有哪些？

（2）公关人员在组织演讲前要做哪些准备工作？

（3）简述成功演讲的基本要素。

任务四　公众投诉的处理

【任务目标】

1. 了解公众投诉产生的原因
2. 熟悉处理公众投诉的程序
3. 掌握处理公众投诉的技巧

【任务情景】

一位顾客在一家百货商场买了一件黑色西服，刚穿上就发现褪色，弄脏了衬衣的领子。他就拿着衣服到百货商店要求退货，接待他的一位售货员不等他把话说完就不耐烦地说："像这样的衣服我们已经卖了上千件了。从来没听说顾客有什么不满意，怪了，怎么就你这衣服有问题?"旁边的另一位售货员也认为他说谎骗人，还嘲弄他没钱买更好的衣服。顾客为此向商场总经理投诉，商场总经理要求公关部在既不伤害顾客的自尊，又能使商场不受较大损失的情况下，尽快处理此次投诉事件。

【任务分析】

1. 实操任务

分角色模拟公众投诉事件的处理过程。

2. 实操准备

(1) 本实操任务可在教室或实训室等场所进行。

(2) 硬件准备：服装、标识等模拟道具。

3. 实操要求

(1) 学生分别扮演售货员、顾客、商场总经理和公关员的角色。

(2) 学生角色互换，体验不同的感受。

(3) 学生演练完毕，教师进行点评。

【任务实施】

分角色模拟公众投诉事件的处理过程

工作目标	学会处理公众投诉	实操时间	1学时
工作内容	1. 了解公众投诉产生的原因 2. 熟悉处理公众投诉的程序 3. 掌握公众投诉处理的方法和技巧		
提交文件			
工作心得			

【任务考评】

公众投诉处理的考评表

考评人		被考评人	
考评地点			
考评内容	公众投诉的处理		

考评标准	标准分值	得分
投诉处理程序规范	20 分	
投诉处理过程中各种方法和技巧运用灵活得当	40 分	
角色扮演自然逼真、语言得体	10 分	
实训过程中态度认真	10 分	
道具准备充分	10 分	
工作心得（问题与收获）	10 分	
合　计	100 分	

【理论要点】

一、公众投诉产生的原因

当顾客购买商品时，对商品本身和企业的服务都抱有良好的愿望和较高的期盼，如果这些愿望和要求得不到满足，就会心理不平衡，由此产生的抱怨和想“讨个说法”的行为，就是公众投诉。公众投诉产生的原因主要有以下几种：

（1）商品质量问题；

（2）售后服务维修问题；

（3）通信网络缺陷；

（4）客户服务人员工作的失误；

（5）店员及其他工作人员服务质量问题；

（6）顾客对于企业经营方式及策略的不认同；

（7）顾客对于企业的要求或许超出企业对自身的要求；

（8）顾客对企业服务的衡量尺度与企业自身不同；

（9）顾客自身素质修养或个性原因。

二、处理公众投诉的原则

（一）及时原则

对投诉要迅速做出反应，并在规定的时间有效处理，不能及时处理完毕的应按时跟进进展情况，并适时通知顾客。

（二）诚信原则

注重承诺和契约，说到做到；处理问题应以能够公之于众为标准；为保证诚信原则的贯彻，应注意不承诺能力以外的事情，不轻易承诺结果。

（三）专业原则

以专业标准要求自己，对顾客体恤、尊重。公关部要从专业角度处理问题，做到实事求是，有理有据，维护企业良好形象。

三、处理公众投诉的程序

（一）倾听公众意见

倾听是解决问题的前提。在处理公众投诉过程中，第一步是倾听公众的意见。公关人员在倾听公众投诉的时候，要认真聆听公众的不满与苦衷，让其把话说完；要安抚公众的激动情绪，要注视公众的眼神和表情，千万不要显得若无其事、漫不经心；要不断肯定公众，鼓励他继续说下去，不要轻易打断公众，引导公众把心里的不满全部表达出来。

（二）认同公众的感受

公众在投诉时会表现出烦恼、失望、泄气、发怒等各种情感。无论公众是否永远是对的，至少在公众的世界里，他的情绪与要求是真实的，组织只有与公众的世界同步，才有可能真正了解他的问题，找到最合适的方式与其交流，从而为成功的投诉处理奠定基础。

（三）表示愿意提供帮助

当问题澄清后，公众的对立情绪减低了，这时公众最关注的是解决问题，公关人员应体贴地表示乐于提供帮助，这会让公众感到安全、有保障，从而进一步消除对立情绪，取而代之的是依赖感。

（四）提出可行的解决办法

针对公众投诉，每个组织都应有各种预案或解决方案。公关员在提供解决方案时要注意以下几点：

1. 为公众提供选择

通常一个问题的解决方案都不是唯一的，给公众提供选择会让公众感到受尊重。同时，公众选择的解决方案在实施的时候也会得到来自公众方的更多认可和配合。

2. 向公众诚实承诺

能够及时解决公众的问题当然最好，但有些问题可能比较复杂或特殊，如若不确信，不要向公众做任何承诺。同向公众承诺做不到的事相比，诚实会更容易得到公众的尊重。

3. 适当地给公众一些补偿

为了弥补组织操作中的一些失误，可以在解决公众问题之外给一些额外补偿，但要注意两点：一是先将问题解决；二是改进工作，要避免今后发生类似的问题。现在有些处理投诉部门，一有投诉首先想到用小恩小惠去息事宁人，或是一定要等接到投诉才给予正常途径下公众应该得到的利益，这样不能从根本上减少问题的发生，反而造成了错误的期望。

（五）跟踪服务

当组织切实解决了公众投诉之后，还需要跟踪服务，以明确公众是否满意投诉解决方案。如果还有不满，组织仍然需要继续改进。

四、有效处理公众投诉的技巧

（一）先处理情绪，后处理事情

要想处理好投诉，首先要换位思考，要能够理解公众来投诉时的心情。公众来投诉时，一般是带着极大的不满甚至是愤怒，带着满腹的怨言和牢骚，也有可能是带着不快和委屈来的，不管是什么状态，公众都是带着质问的情绪来的。所以公关人员切忌在不了解任何情况时就开始发表自己的观点。面对投诉，公关人员要先处理情绪，再处理事情，让公众先把情绪发泄出来，无论他说什么，即便可能是丧失理智的谩骂，公关人员也要抑制自己的情绪，做到“打不还手，骂不还口”。只要能做到这一点，让公众把情绪发泄得舒服了，基本上对投诉的处理已经成功了一半。

（二）想方设法地平息顾客的抱怨

由于公众的投诉多数属于发泄性质，只要得到组织的同情和理解，消除了怨气，心理平衡后事情就容易解决了。因此，作为一名公关人员，在面对顾客投诉时，一定要设法搞清楚顾客的怨气从何而来，以便对症下药，有效地平息顾客的抱怨。

（三）要站在顾客的立场上将心比心

漠视公众的痛苦是处理公众投诉的大忌。公关人员必须站在顾客的立场上将心比心，诚心诚意地去表示理解和同情，承认过失。因此，对所有公众投诉的处理，无论是已经被证实还是没有被证实的，都不是先分清责任，而是先道歉，这才是最重要的。

（四）迅速采取行动

体谅公众的痛苦而不采取行动是一个空礼盒。与其说“对不起，这是我们的过失”，不如说“我能理解给您带来的麻烦与不便，您看我们能为您做些什么呢?”。公众投诉的处理必须付诸行动，不能单纯地只表示同情和理解，要迅速地给出解决的方案。

【思考练习】

1. 多选题

（1）处理公众投诉的原则包括（　　）。

A. 及时原则　　B. 诚信原则　　C. 专业原则　　D. 妥协原则

E. 赔偿原则

（2）公众投诉产生的原因有（　　）。

A. 商品质量问题　　B. 售后服务问题

C. 通信网络缺陷　　D. 顾客对于企业经营方式及策略的不认同

E. 顾客对企业服务的衡量尺度与企业自身不同

2. 判断题

（1）当组织解决了公众投诉之后，任务就算圆满完成了，不需要任何的跟踪服务。（　　）

（2）商品质量问题是公众投诉的唯一原因。（　　）

（3）漠视公众的痛苦是处理公众投诉的大忌。（　　）

3. 简答题

（1）简述处理公众投诉的程序。

（2）有效处理公众投诉的技巧有哪些？

任务五　公关谈判

【任务目标】

1. 学会收集谈判资料
2. 掌握谈判方案的拟订
3. 了解谈判的准备工作和谈判过程
4. 熟悉签字仪式的安排
5. 了解签字仪式的过程

【任务情景】

近日，贵阳市F职业学院为了提高教学质量，改善教学条件，决定扩建三间学生计算机机房，并将所有普通教室改建为多媒体教室。这两项工程共需采购计算机400台（配置Intel奔腾双核，4G内存，320G硬盘，19寸液晶显示器），预算资金控制在170万～200万元，力争在暑假期间（8月15日前最佳）全部安装到位，此事由F职业学院分管后勤的王副院长负责。

得知F职业学院要批量采购计算机一事后，国内某知名计算机公司G公司马上与学院联系，希望洽谈此笔业务。王副院长在与G公司负责人刘总经理简单接洽后，约定于下周三（6月5日）上午九点在F职业学院行政楼三楼会议室进行正式谈判。F职业学院主谈判人员是王副院长，其他参加谈判的人员有计算机系顾主任、后勤处任处长、学院法律顾问张律师和学院公关部马部长。其中王副院长主谈，掌控大局，计算机系顾主任就计算机配置、软件要求等专业技术问题提供协助，后勤处任处长负责安装使用期间后勤联络事宜，学院法律顾问张律师负责审核合同文本，学院公关部马部长负责谈判的各项辅助工作和沟通联络事宜。G公司由其公司负责人刘总经理主谈，销售部黄经理、售后服务部包经理、法律部谢律师参与谈判。

王副院长嘱咐公关部马部长做好此次谈判的辅助工作，尽可能多地收集谈判资料以供参考，尤其是G公司计算机产品的市场信息和竞争对手情况，并事先拟订好谈判方案，包括谈判主题、目标、议程、时间、地点、人员等，交王副院长审核后方可着手进行谈判的其他准备工作。

公关部马部长将所有谈判工作准备妥当后，谈判在周三上午（6月5日）九点在F职业学院行政楼三楼会议室正式开始。经过一天的谈判磋商，下午三点，F职业学院与G公司终于达成协议，决定从该公司购买400台台式计算机，合同总价值185万元，8月15日前产品安装调试使用正常后付全款。

谈判成功后，双方人员都很满意，商定于周五上午（6月7日）在F职业学院行政楼五楼多功能厅举行正式签字仪式，本次仪式仍由学院公关部马部长负责筹备，出席的人员有F职业学院王副院长、计算机系顾主任、后勤处任处长、学院法律顾问张律师和学院公关部马部长等；G公司刘总经理、销售部黄经理、售后服务部包经理、法律部谢律师和办公室郑主任等出席。其中王副院长和刘总经理为双方主签人，马部长和郑主任为双方助签人。王副院长交代马部长提前布置好签字仪式会场，拟写签字仪式准备方案和规划座次安排图。

【任务分析】

1. 实操任务

（1）收集谈判资料并制成表格。

（2）拟订谈判方案，模拟演示谈判准备工作和谈判过程。

（3）模拟演示签字仪式的准备工作和仪式过程。

2. 实操准备

（1）学生在教室或实训室进行谈判现场和签字仪式现场的布置和模拟展示工作。

（2）本实操任务可分组进行，每个小组的学生作为一个谈判小组，自行设定身份分工进行。

（3）需准备的道具：合同文本、文件夹、产品资料、笔记本电脑、旗帜、签字笔、签字单、电话、酒杯、香槟、横幅、照相机和鲜花等。

3. 实操要求

（1）完成任务前，小组成员一起讨论该项任务的规范、操作要领及注意事项。

（2）对谈判双方有关本次谈判的信息进行收集和处理，要求各组学生实际操作。

（3）模拟演示谈判过程前的场景，小组成员对买卖双方的谈判心态进行讨论。

（4）模拟展示谈判过程后的场景，可对原谈判计划进行完善。

（5）模拟展示前在着装上要适当修饰，模拟展示时注意礼仪。

【任务实施】

1. 收集谈判资料并制成表格

工作目标	学会收集谈判资料	实操时间	1 学时
工作内容	1. 收集本次谈判资料并进行科学筛选、分析 2. 将有效信息汇总并制成表格		
提交文件	谈判资料表（示范表格见表 1 - 3）		
工作心得			

2. 拟订谈判方案，模拟演示谈判准备工作和谈判过程

工作目标	掌握谈判方案的拟订、模拟谈判	实操时间	2 学时
工作内容	1. 拟订本次谈判方案（主要包括谈判主题、目标、时间、地点、人员和议程等） 2. 模拟演示谈判准备工作和谈判过程		
提交文件	谈判方案		
工作心得			

3. 模拟演示签字仪式的准备工作和仪式过程

工作目标	学会安排签字仪式	实操时间	1 学时
工作内容	1. 拟订签字仪式的准备方案（主要包括签字仪式的主题、时间、地点、签字人、助签人员、观礼人员、流程）和规划座次安排图 2. 布置签字仪式现场 3. 模拟演示签字仪式过程		
提交文件	签字仪式的准备方案和座次安排图		
工作心得			

【任务考评】

公关谈判工作考评表

<table>
<tr><td>考评人</td><td colspan="2"></td><td>被考评人</td><td></td></tr>
<tr><td>考评地点</td><td colspan="4"></td></tr>
<tr><td>考评内容</td><td colspan="4">谈判资料的收集、谈判方案的撰写、谈判过程的组织与安排、签字仪式的安排</td></tr>
<tr><td colspan="3">考评标准</td><td>标准分值</td><td>得分</td></tr>
<tr><td colspan="3">收集的资料重点突出、内容全面且准确</td><td>10 分</td><td></td></tr>
<tr><td colspan="3">资料信息汇总表格制作规范</td><td>10 分</td><td></td></tr>
<tr><td colspan="3">谈判目标设置适宜，谈判议程安排合理</td><td>10 分</td><td></td></tr>
<tr><td colspan="3">谈判方案的内容全面、格式规范</td><td>10 分</td><td></td></tr>
<tr><td colspan="3">谈判过程组织得有序合理</td><td>10 分</td><td></td></tr>
<tr><td colspan="3">谈判过程控制比较好</td><td>10 分</td><td></td></tr>
<tr><td colspan="3">谈判中各种技巧应用得当</td><td>10 分</td><td></td></tr>
<tr><td colspan="3">签字仪式的准备方案内容全面、格式规范</td><td>10 分</td><td></td></tr>
<tr><td colspan="3">签字仪式现场布置安排合理，签字仪式程序规范</td><td>10 分</td><td></td></tr>
<tr><td colspan="3">工作心得（问题与收获）</td><td>10 分</td><td></td></tr>
<tr><td colspan="3">合　计</td><td>100 分</td><td></td></tr>
</table>

【理论要点】

一、公关谈判资料的收集

公关谈判的成败，谈判者地位的强弱，往往取决于对信息资料的掌握程度。掌握的信息资料越多，在谈判中越容易驾驭谈判的进程。通过对信息资料的了解和分析，谈判者可以对双方在谈判中所处的地位，各自最大的需求和让步的范围、幅度，谈判的时限等有一个清醒的认识。这样，在谈判中就能做到审时度势、进退自如。古语云：“知己知彼，百战不殆。”只有做好充分的准备，公关人员才能胸有成竹地独自或陪同领导坐在谈判桌前，与对方就共同感兴趣的事情讨价还价。因此，在谈判前尽可能了解己方和对方的实力、目标意图和双方退让的幅度，整理后提供给领导参考是公关员的主要工作之一。

（一）己方的信息资料

己方的信息资料包括两个方面：一方面是对自己所代表的一方的了解，比如自己企业所经营的商品的范围、主要的货源渠道、质量、价格、销售情况、库存，企业的职工人数及素质、物质技术设备、经营管理情况、市场地位等，尽量不要遗漏或掌握不准确；另一方面是要了解和认识谈判者自己，主要是本人的知识、水平、在别人心目中的位置和权限范围，这样既可以便于在谈判时选择适当的策略，又可以避免在谈判中超越权限或不能当机立断。另外，还要重新认识自己的性格，有哪些弱点，是爱发火，还是优柔寡断，从而在谈判中注意克服，以免妨碍谈判的顺利进行。

（二）对方的信息资料

1. 谈判对手的基本情况

了解对方的法人资格、法定地址、本人身份、经济性质和经营范围、商业信誉、法律纠纷、信用额度以及经银行认可的往来资信证明等，这是商务谈判的基础。外商必须出示法人资格、本人身份证明以及经中国银行认可的外国银行的资本信誉证明。

2. 谈判对手的经营情况及历史沿革

主要收集对手的历史背景、管理人员背景、公众记录、相关媒体报道等资料。

3. 谈判对手的实力

主要包括：对方的财务状况（包括资产、负债等），对方的生产状况（包括生产的产品、技术含量、生产数量和质量等），对方的经营状况（包括主要的货源、供应商、主要的市场等），对方的盈利状况和产品成本、履约能力，对方在同行业中的地位等。

4. 谈判对手中主谈判者的情况

主要包括：年龄、学历、资历、个性爱好、风俗习惯、价值观念、处理事情的风格及其在团队中的声望；主要是代表个人还是代表谈判组，是否被授权可以自做决定，是否能够履行诺言，谈判的经验如何；等等。

5. 谈判对手的意图和打算

主要包括：谈判对手这次谈判的准备工作做得如何，对方的主要意图、谈判目标是什么，退让的幅度有多大；对方可能感兴趣的利益有哪些，最为关注的利益是什么；对方可能出现的问题是什么，对方成员之间有什么分歧；等等。

6. 谈判对手的弱点

通过对谈判对手各方面情况的了解和分析，找出其弱点，以便在谈判的关键时刻达到一击即破的效果。

7. 谈判对手过去的对外合作资料

公关人员除了重点收集对手的信息资料外，还要了解、收集与本次谈判密切相关的国家和地方的方针、政策、法律、法规，也要了解行业和市场的信息，如合作生产或经营产品的销路、档次等。

公关人员可以通过以下途径来收集资料：

（1）大众传播媒介，如报纸、杂志、电视、网络等信息来源，要注意科学筛选、分析。

（2）专门会议，如公关公司、咨询机构、驻外使馆等单位的会议。

（3）各类展销会，如各类商品交易会、展览会、订货会、博览会等。

（4）知情人员，如采购员、推销员、老客户、驻外人员等。

对方的信息资料可以汇总成一个表格，如表 1－3 所示。

表 1－3　某公司及谈判人员情况表

公司情况		主谈人员情况	
公司类型		姓　　名	
公司成立时间		年　　龄	
公司市场声誉		职　　务	
员工人数		经　　历	
公司注册资本		个　　性	
产品销售情况		爱　　好	
产品研发情况		谈判风格	
产品的优点、缺点	态　　度		1. 对本次谈判的态度
公司竞争力			2. 对我院谈判人员的态度
公司面临的问题		其他参与谈判人员	
公司竞争对手情况		谈判团队成员关系	

二、谈判方案的拟订

谈判方案即谈判计划，是指谈判者在谈判前对谈判的目标、内容、步骤等所做的预想性的安排。谈判方案是一项谈判活动的具体纲领和导向，在谈判中起着重要作用，公关人员要协助领导者拟订谈判方案，做好这项重要的谈判准备工作。谈判方案的拟订和写作，要力求重点突出、简明扼要、富有弹性。

谈判方案主要包括以下内容：

（一）谈判主题和目标

谈判主题就是参加谈判要达到的目的，谈判目标则是谈判主题的具体化。谈判主题必须简洁而明确，一般可用一句话加以概括和表达。谈判目标可分为三级：第一级是必须达到的目标，即最低目标；第二级是可以接受的目标；第三级是最高目标。确定了谈判目标，谈判人员心中就有了一个明确的方向和“度”了。

（二）谈判议程

谈判议程就是谈判的程序，这是影响谈判效率高低的重要一环，多数谈判都是根据事先所规定的议程进行的。谈判议程的安排，可视具体情况而定，一般有三种情况：一是先易后难，即先讨论容易解决的问题，为下面讨论困难的问题营造气氛，打下基础；二是先难后易，即先集中时间和精力讨论重要的、困难的问题，以主带次，推动其他问题的解决；三是混合型，即不分主次先后，先把所有要解决的问题都提出来讨论，再加以概括和归纳。拟定议程时，既要符合本方需要，也要兼顾对方的实际利益和习惯做法。

（三）谈判班子

选择适当的成员组成谈判班子，是谈判成功的关键。谈判班子一般以三四人为宜，上司领军，他既是导演又是主演；其他助手包括公关员则是配角，以各自的专业经验协助上司谈判。所有成员都应谙熟谈判方案，争取达到最理想的效果。

（四）谈判时间和地点

谈判于何时举行、何时结束，很有讲究，有时候甚至会影响谈判的过程和结果。谈判必须等候合适时机，否则难以达到预期目标。除此之外，要避免在上司或其他重要谈判成员身体不适、过度疲劳、心情不佳时安排谈判。选择谈判地点时，一般来说，自己越熟悉的环境越好，因为每个人都天生具有领域感，在自己所熟悉的环境里，能得心应手地发挥自己的才智，而且容易说服对方。

（五）其他准备工作

设计谈判方案时，一要对对方可能提出的方案做预测，并提出自己的应对方案；二要坚持互利互惠的原则，使方案切实可行；三要在谈判中虚心听取对方意见，吸收其合理成分，及时调整己方方案。另外，公关员作为谈判方案设计的参与者，又是方案的起草者、打印者，要注意保密，否则将会造成谈判的失败。

其他谈判准备工作包括会务工作（联络对方公司、布置谈判会场、安排谈判座位）、谈判记录、各项谈判善后工作等。

三、谈判过程

经过一定的准备，谈判各方派出自己的代表，在约定的时间、地点举行会议，正式开始谈判。一般的正规谈判过程分为以下六个阶段：

（一）开局阶段

这个阶段是通过相互介绍使参与谈判双方相互认识的过程。开局阶段费时不多，但对谈判成功与否影响很大。在开局阶段营造一个互谅互让、积极融洽的谈判气氛，是创造整个谈判过程良好气氛的关键。

1. 开局时间不宜持续过长

开局时间过长，会把人拖得精神恍惚，形成一种松垮、拖沓的气氛，对后面其他阶段的气氛产生消极影响。开局时间控制在多长为宜，主要根据谈判性质和谈判期限来决定。一般来说，开局时间控制在谈判总时间的5%之内为好。比如，会议要进行一个小时，那么开局三分钟就差不多了，假如谈判有多轮，要持续数天，则开局时间相应地可增加。

2. 寒暄要恰到好处

在开局阶段，主要是通过寒暄来交流感情，营造气氛。寒暄时不宜询问谈判内容，可以进行一些私人问候，聊一些双方感兴趣的社会趣闻或幽默小事，但时间不宜过长。

3. 避免过于嘴杂和冷场的局面

嘴杂和冷场的局面都会影响气氛的和谐。为避免这些情况出现，谈判双方可分为若干小组，每组中包括各方一两位成员，使双方能有秩序地交谈，这样有利于双方的实际沟通，并为谈判创造和谐的局面。

（二）概说阶段

在这一阶段，双方简要阐述各自的谈判目的、自己希望达成的目标和设想。此阶段是了解双方想法的“第一印象”阶段，因此必须注意做到以下三点：(1) 开始发言时，要言简意赅，注意感情色彩，言辞或态度尽量不要引起对方的焦虑和愤怒。激起对方的自卫，只会使己方丧失获得协助和支持的机会。(2) 讲完自己的意见后，要倾听对方的发言，理解其讲话的内容。(3) 概说阶段时间要短，争取得到对方的首肯。有了最初的首肯，便是开启了通向成功的大门。

（三）明示阶段

及早确认双方的不同意见，确认事实。为了解决双方意见的不同，达成协议，必须以坦诚的态度对待自己的需要、对方的需要及对方外表不易觉察的内蕴需求。追求自己的需要是谈判的目的，但同时又要适当满足对方的需要，这是谈判得以成功的关键。为此要做到：(1) 对己所求要合理，不要过分苛刻；(2) 对对方所求，不要过分谴责；(3) 若有内蕴的需求，待时机成熟、条件允许时方可提出。

（四）交锋阶段

双方的真正对立、竞争状态在这个阶段才明显展开，双方就其观点、目标的对立进行实质性会谈。由于谈判双方都想获得利益或占优势，有时甚至有如临大敌的紧张气氛。在这种情况下，谈判人员要做到以下几点：(1) 坚定自己的立场，朝着自己所求的方向勇往直前。为此要做好思想上、心理上的充分准备，提高应变能力，随时回答对方质询。做到既要尽可能地保证自己的利益，也要显示双方妥协的可能范围。(2) 正确分析双方的分歧和差异。既要用事实说明自己的观点，找出各方面的分歧和差异所在，又要运用谈判技巧和合理的妥协来缓和气氛，使谈判心平气和地讨论下去，最终消除分歧差距，以求一致，达成协议。

（五）妥协阶段

这是寻求双方可以接受的途径阶段。双方交锋、相持不可能永远继续下去，其最终目的还是渴望谈判成功。正因如此，谈判各方都会在会谈过程中适当地调整目标，做一些必要的妥协和让步。妥协并不等于失败，它是为成功谈判所做的让步，其目的还是寻求双方满意的结果，实现自己的目标。在妥协阶段，谈判人员需要注意以下三点：(1) 坚持原则性和灵活性相统一。既要坚持原则立场，又不要伤害对方的感情和影响今后的合作；既要精于计算、权衡利弊得失，以求更大利益，又不必锱铢必较、胡搅蛮缠地大做文字游戏。各方应在坚持基本要求的基础上，寻找出共同点，寻求各方所能接受的折中方案，使争议得到合理解决。(2) 保持清醒头脑，把握妥协尺度。(3) 明确圆满成功的公关谈判要使各方的利益得到一定程度的满足，每一方都是谈判的胜利者。

(六) 协议阶段

通过谈判，双方认为已基本实现了自己的目标，便可拍板同意，然后由双方代表在协议上签名、盖章，握手言和，以保持相互之间的亲切感，为下次谈判创造良好的感情基础。谈判人员在这一阶段要注意做到：(1) 拍板定案时，要将协议的主要条款陈述一遍，以防有误；(2) 谈判协议书文字表达要准确，内容要全面，不能产生歧义和有遗漏；(3) 谈判者应熟悉谈判协议的条文，严格履行协议；(4) 握手言和，再创亲切、和谐的气氛。

四、谈判的结果

谈判结果是公关谈判的最后一个环节，是谈判是否实现预期目标的反馈。一般来说，谈判的结果有四种情况：完全满意、满意、中断、破裂。前两种情况实现了谈判目标，第三种情况尚有达成目标的可能，第四种情况则失去了希望。从公共关系理论来看，公关谈判不允许出现第四种情况，因为它可能会给企业信誉带来不利的影响。在谈判桌上失去朋友，显然是公共关系的失败。但万一出现这种情况，要采取种种有效措施，挽回影响，或把影响控制在非常有限的范围内。因此，每次谈判结束，公关人员都要进行自身反省和信息反馈，据以总结经验，吸取教训，提高谈判水平。

五、签字仪式的安排

在通常情况下，政府、企业之间通过谈判，就政治、军事、经济、科技等某一领域缔结条约、协议或合同时，会举行签字仪式，作为谈判成果的一种公开化、固定化和文字化。目前世界各国所举行的签字仪式，都有比较严格的程序及礼节规范。这表明有关各方对自己履行条约、协议或合同所做出的一种正式承诺以及对对方的尊重。

公关人员在筹划和组织签字仪式时要做好以下工作：

(一) 确定签字人

签字人的安排原则上是根据文件的性质由双方各自确认。双方签字人的工作性质应基本一致，身份应大体对等。

此外，要商定双方助签人员及观礼人员。举行签字仪式时，除双方代表外，有时还要邀请各自的上级领导参加仪式，以示重视。谈判双方参加签字仪式的人数、级别应大致相当。

（二）准备签字文本

根据礼仪，在签署正式文件之前，应该由签字仪式主办方负责准备待签文本。有关人员应及早做好文本的定稿、翻译、校对、印刷、装订等工作。

（三）布置签字仪式的场景

（1）签字厅。一般安排在适于签字的宽敞明亮的大厅内，亦可安排在谈判室内。

（2）签字桌。签字桌可选择设在签字厅内的长桌，桌上覆盖深颜色的台呢，究竟选择什么颜色，要视双方喜好并且不犯任何一方的忌讳。

（3）摆设。在选定的长方形签字桌的后面摆放两把椅子，作为双方主签人员的座位，主左客右，桌上可放置各方签字人的席卡。签字人就座时，一般应面对房间正门。签字桌上同时摆放各方待签的文本、签字用的文具，文具的前端中央摆一旗驾，悬挂签字双方的旗帜。所有这些摆设的摆放都遵循主左客右的原则。会标要求醒目，并反映签约各方的名称、签约内容。如安排各方领导人致辞，可在签字桌的右侧摆放讲台。

（四）规范参与签字仪式人员的服饰

签字人、助签人员以及随员、观礼人员在出席签字仪式时，服饰装扮要简约、庄重。公关人员和礼仪人员可以穿自己的工作制服或其他礼仪性服装。

（五）安排位次

签字仪式位次安排直接体现出签字各方的礼遇问题，不可有怠慢之嫌，应突出签约各方的平等地位。它的基本做法是：签字桌在室内面门横放，双方签字人居中面门而坐，客右主左，参加签字仪式的人员分成左右两排站立于己方签字人员的后面，各方身份最高的领导人并排站立于中间，其他人员按双方职务高低向两侧顺排。双方助签人站在各自签字人员的外侧协助签字。

（六）举行签字仪式

签字仪式是签署合同的高潮，它的时间不长，但程序规范、庄严、隆重而热烈。

（1）双方参加签字仪式的人员步入签字厅。

（2）双方观礼人员按身份、地位依次站在己方主签人座位之后。

（3）主签人入座。

（4）助签人员站在各自主签人的外侧。

（5）开始签字时由双方助签人员协助主签人翻揭文本，指明签字处，由签字人员在自己所要保存的文本上签字，并由助签人员将此文本送给对方助签人员，再由双方主签人分别在对方保存的文本上签字。然后由双方主签人将文本互换，相互握手庆贺，并相互交换方才使用过的签字笔，以示纪念。全场人员应热烈鼓掌表示祝贺。

（6）在双方握手庆贺后，礼仪小姐端上香槟酒，双方共同举杯以示祝贺。全体参与签字仪式人员在签字厅合影留念。

（7）双方最高领导及客方先退场，主方再退场。

【思考练习】

1. 单选题

（1）谈判方案的主要内容不包括（　　）。

A. 谈判的目标　B. 谈判的主题　C. 谈判结果　D. 谈判议程

（2）在谈判的（　　），双方简要阐述各自的谈判目的、自己希望达成的目标和设想，此阶段是了解双方想法的“第一印象”阶段。

A. 开局阶段　B. 概说阶段　C. 明示阶段　D. 协议阶段

2. 判断题

（1）掌握的信息资料越多，在谈判中越容易驾驭谈判的进程。（　　）

（2）一般来说，谈判的结果有三种情况：满意、中断、破裂。（　　）

（3）在签署正式文件之前，应该由签字仪式主办方负责准备待签文本。（　　）

3. 简答题

（1）谈判人员在谈判的交锋阶段应该注意些什么？

（2）简述谈判方案的主要内容。

（3）简述签字仪式的程序。

项目二
信息传播

任务一　媒介传播

【任务目标】

1. 了解媒体的分类和特征
2. 理解大众传播媒介的分类和特点
3. 掌握媒介传播的原则
4. 了解公关媒介传播的推广应用
5. 学会编写公关媒介传播文案

【任务情景】

上海某企业希望借助各类大众传播媒介，利用公共关系传播手段在两个月内将其企业生产的ST超声波加湿器打入西北地区市场，该公司将此项任务委托给新世纪公关广告公司来完成。新世纪公关广告公司将为该企业制定一份公关媒介传播文案，并根据此文案大力宣传推广，以使ST超声波加湿器在预期时间内成功打入西北地区市场。

【任务分析】

1. 实操任务

撰写公关媒介传播文案。

2. 实操准备

（1）本实操任务可在教室或实训室等场所进行。

（2）硬件准备：计算机、打印机、A4 打印纸等。

3. 实操要求

（1）学生分组讨论拟写公关媒介传播文案。

（2）任务完成后，学生之间互相评价并打分，分小组展示自己的作品，并做好记录工作。

【任务实施】

撰写公关媒介传播文案

工作目标	学会撰写公关媒介传播文案	实操时间	1 学时
工作内容	1. 了解媒介传播手段 2. 按照要求制定公关传播文案（包括前言、背景评论与情况分析、媒体目标、媒体策略和策划说明等）		
提交文件	公关媒介传播文案		
工作心得			

【任务考评】

媒介传播考评表

考评人		被考评人	
考评地点			
考评内容	公关媒介传播		
考评标准		标准分值	得分
公关媒介传播文案正确规范、排版美观、内容得当		40 分	
实训过程中态度认真、积极配合		30 分	
其他注意事项考虑周全		20 分	
工作心得（问题与收获）		10 分	
合　计		100 分	

【理论要点】

一、媒体的分类及特征

一般而言，媒体分为传统媒体和新媒体。传统媒体包括报纸、杂志、图书等纸质媒体，还包括户外、广播、电视等电子媒体；新媒体是新的技术支撑体系下出现的媒体形态，如数字杂志、数字报纸、数字广播、手机短信、移动电视、网络、桌面视窗、数字电视、数字电影、触摸媒体、智能手机等。以手机为主的新媒体平台具有交互性与即时性、海量性与共享性、多媒体与超文本、个性化与社群化等特性，尤其是智能手机的广泛应用，对企业产生了新的巨大的挑战。

从不同角度出发，不同的媒体构成了几类“舆论场”①，包括：

（1）两个舆论场。体制内舆论场：党报、国家电视台、政府网站；民间舆论场：口头舆论场、网络“自媒体”。

（2）三个舆论场。传统媒体舆论场：报纸、杂志、电视、广播等传统媒体；网络媒体舆论场：商业网站等；网络社区舆论场：论坛、博客、微博、微信、QQ 等。不同舆论场的特征如表 2－1 所示。

表 2－1　不同舆论场的特征

舆论场	控制难度	公信力度	特点
传统媒体舆论场	容易	高	信息单向传播，缺乏互动和可逆性；传播速度较慢，流程具有较大操作空间；信息空间小，信息传播规模受限制。
网络媒体舆论场	较容易	中	半互动性，网友可采用新闻跟帖等模式发表自己的看法，传播速度很快；操作流程快，新闻转载快；信息空间巨大，信息传播规模基本不受限制，具有可逆性，报道和转载的信息可删除。
网络社区舆论场	困难	低	信息传播具有完全互动性，网友可采用多种方式发表、交流自己的看法；传播速度很快；空间和时间非常随意；信息空间巨大，信息传播规模不受限制；可逆性强，发表的信息可被删除；混乱性强，信息海量，混乱复杂。

二、大众传播媒介的分类和特点

大众传播媒介是指在信息传播过程中处于职业传播者和大众之间的媒介体，主要包括

① 叶东．危机公关及经典案例分析．（2018-07-01）[2018-08-03]．https://wenku.baidu.com/view/2dee26-72e2bd960590c67764.html? from=search.

报纸、杂志、图书、广播、电视和网络等。

(一) 印刷类大众传播媒介

报纸、杂志和图书同属于印刷类大众传播媒介。印刷类大众传播媒介是指借助于可视的语言文字符号传递社会信息的各种载体。

1. 报纸

报纸是指以刊载新闻为主的、定期的连续印刷的出版物，分为日报（早报、晨报、晚报）和周报。在各类印刷类大众传播媒介中，它的传播速度最快，具有较强的时效性，内容通俗易懂，发行量最大，费用也较低，但表现形式单一。

2. 杂志

杂志又叫期刊，指以刊载各类文章为主的、定期的连续印刷的出版物，分为月刊、半月刊和双月刊等类型。

杂志比报纸更容易保存和检索，便于查阅，但杂志的出版周期长，传播速度慢于报纸。杂志通常具有较强的专业性，对读者文化水平要求较高，发行范围受到限制。

3. 图书

图书是指通过一定的方法和手段将知识内容以一定的形式和符号（文字、图画等），按照一定的体例，系统地记录于一定形态的材料之上，用于表达思想、积累经验、保存知识和传播知识的工具。

(二) 电子类大众传播媒介

电子类大众传播媒介是指运用电子技术及其设备进行信息传播的媒介，主要包括广播、电视、网络等。

1. 广播

广播以声音作为传播的符号，是目前覆盖面最大的电子类传播媒介。

广播信息制作简便，传播迅速，便于报道突发性事件，感染力强。但信息稍纵即逝，不易保存。

2. 电视

电视使用各类视听符号进行传播。电视是最生动形象、最具感染力且极具娱乐性的大众传播媒介，因而其受众人数颇多。但电视信息的制作成本较高，且电视设备笨重难移，因而限制了电视信息的传播范围。

3. 网络

网络是现代计算机技术、通信技术的硬件和软件一体化的产物，代表了现代传播技术的最高水平，是人类传播史上新的里程碑。网络的出现，改变了人类的传播意识、传播行为和传播方式，并影响到人类社会生活的方方面面。

三、公关媒介传播的原则

(一) 目的明确的原则

公关传播是带有明确目的性的传播，它的总目标是树立、改善组织形象，形成有利的舆论环境，获得社会各界的支持。

公关传播的目的根据传播效果四层次理论，可分为四种：一是引起公众注意；二是诱发公众兴趣；三是取得公众的肯定态度；四是促发公众的支持行为。

(二) 双向沟通的原则

双向沟通的原则是指传播双方互相传递、互相理解的信息互助原则。具体包含以下内容：一是沟通必须由两人以上进行；二是沟通双方互为角色，沟通双方相互理解并有所交流。

组织与公众的沟通应注意以下两个方面：一是创造沟通的共识区域；二是具备反馈意识。

(三) 平衡理论的原则

1. A－A式平行沟通

公关传播就是要创造A－A式平行沟通的环境，即双方均以成人状态参与沟通，确立自己的成人状态，以成人的思想、语言和姿态来对待别人，而且也要鼓励和引导对方确立“成人”状态，以保证交往和信息沟通行为顺利、持续地进行。这种方法就是以个人心态的平衡去引导、建立双方关系的平衡。

2. 情感沟通

情感是形成态度的重要条件，平衡理论要求在沟通中诉诸情感，通过情感互动和思想交流，产生接近与认同，达到态度的一致和关系的平衡。公关传播追求组织与公众之间态度、感情的一致和关系的平衡。

(四) 有效沟通的原则

公关传播追求的是有效沟通。影响与公众有效沟通的因素有：

(1) 信息的真实性与信息量的大小。

(2) 传播者的方式与态度。

(3) 传播内容的制作技巧与传播渠道的畅通。

四、公关媒介传播的推广应用

(一) 公关媒介传播推广应用的原则

(1) 根据目标受众的特点选择传播媒介。即要根据目标受众的实际情况，对媒体的接触率及习惯，居住区域的自然状况、气候条件、生活水平来选择媒体。

（2）根据媒介的特性及影响力选择传播媒介。

（3）根据信息的特点选择传播媒介。

（4）根据竞争对手的媒介运用状况选择传播媒介。

（5）根据讲求经济效益的原则选择传播媒介。

（二）公关媒介传播推广应用的要求

公共媒介推广应用要从全局出发，用有限的经费对媒介资源进行合理配置和利用，以取得最佳的信息传播效果。推广应用有以下要求：

（1）有利于实现组织信息在内容和表现形式方面的系列化。

（2）有利于组织树立良好的产品或服务形象。

（3）有利于信息有针对性地到达目标受众、影响目标受众。

（4）有利于组织针对竞争对手的信息传播开展有力进攻或实施有效的防御。

（5）有利于信息传播的时机性要求。

五、公关媒介传播文案的写作

公关媒介传播是公共关系工作中独特的管理职能，是当代营销整合的重要核心。公关媒介传播旨在帮助一个组织建立并维持它与媒体之间、与公众之间的相互沟通，是企业品牌传播和市场推广的关键。公关媒介传播凭借广泛的媒介覆盖网络和对媒介的深刻了解，整合报纸、网络、电台、电视台、移动电视、手机短信等各种传媒资源，用社会文化运作的手法，引导公众关注，从而达到引导舆论、诠释职能、传播产品消费文化的目的。

公关媒介传播文案的内容大致分为五部分：

（1）前言。对媒体计划的基本策略和要素进行评述。

（2）背景评论与情况分析。简明扼要地描述产品的市场情况，概括营销目标与广告目标，说明创意的方向。

（3）媒体目标。对媒体策划所要达成的目的或目标做明确的宣告，要有可实现性。

（4）媒体策略。概述怎样从媒体的选择、媒体的配合、广告的日程频次安排、费用分配等方面达成媒体目标。

（5）策划说明。阐述媒体计划的执行要素，考虑选择各种策略及媒体的理由。

【思考练习】

1. 单选题

（1）（　　）是目前覆盖面最大的电子类传播媒介。

A. 电视　　B. 手机　　C. 广播　　D. 网络

(2) 通过报纸、电台、电视等媒介形成的热点舆论，称为（　　）。

A. 大众舆论　　B. 人际舆论　　C. 社会舆论　　D. 正面舆论

(3) 不属于大众传媒的是（　　）。

A. 报纸　　B. 杂志　　C. 海报　　D. 广播

2. 判断题

(1) 信息的真实性与信息量的大小是影响企业与公众有效沟通的唯一因素。（　　）

(2) 媒体分为传统媒体和新媒体。（　　）

(3) 印刷类大众传播媒介在传播过程中便于人们阅读和保存。（　　）

3. 简答题

(1) 简述不同舆论场的特点。

(2) 传统纸质媒介与电子媒介的优缺点有哪些？

(3) 简述媒介传播的原则。

任务二　新闻发布会

【任务目标】

1. 掌握新闻发布会的特点
2. 了解新闻发布会的准备工作
3. 了解新闻发布会的注意事项
4. 熟悉新闻发布会的流程
5. 了解新闻发布会的会后工作

【任务情景】

某化工厂一生产车间发生有毒化学气体泄漏事故，引发附近部分居民中毒，社会上出现了各种谣言。为此，该化工厂准备召开新闻发布会，请根据所给内容，补充并完善该新闻发布会的流程文案。

某化工厂毒气泄漏事故新闻发布稿

（称呼）各位记者朋友，早上好！

（主题）今天请各位来，是要通过各位所在的新闻媒体向社会各界朋友致歉！

（真相）在座的各位可能已经知道，我们厂的××生产车间发生了有毒化学气体气泄漏的严重事故，目前已经造成的实际损失有……。在这里，也提请各位注意，目前社会上的一些说法……是没有根据的。

（原因）经初步查明，事故的原因是……

（教训）教训是沉痛的，它使我们……

（措施）事故发生后，我们采取的措施是……

（结束语）事故已经发生，恶果已经酿成。我们决心……

【任务分析】

1. 实操任务

（1）拟写新闻发布会文案。

（2）模拟召开新闻发布会。

2. 实操准备

（1）本实操任务可在教室或实训室等场所进行。

（2）硬件准备：计算机、打印机、A4打印纸、召开新闻发布会所需的道具等。

3. 实操要求

（1）新闻发布会文案写作要符合要求，格式规范。

（2）模拟任务完成后，学生之间互相评价并打分，并做好记录工作。

【任务实施】

1. 拟写新闻发布会文案

工作目标	学会拟写新闻发布会文案	实操时间	1学时
工作内容	1. 了解新闻发布会的流程 2. 根据所给内容编写文案		
提交文件	新闻发布会文案		
工作心得			

2. 模拟召开新闻发布会

工作目标	模拟召开新闻发布会	实操时间	1 学时
工作内容	1. 了解新闻发布会的准备工作 2. 掌握新闻发布会的特点 3. 熟悉新闻发布会的流程 4. 了解新闻发布会的会后工作		
提交文件			
工作心得			

【任务考评】

新闻发布会考评表

考评人		被考评人	
考评地点			
考评内容	拟写新闻发布会文案、模拟召开新闻发布会		
考评标准		标准分值	得分
新闻发布会的流程完整		20 分	
达到新闻发布会应有效果		20 分	
新闻发布会文案的编写合乎规范		30 分	
实训过程中态度认真、积极配合		10 分	
其他注意事项考虑周全		10 分	
工作心得（问题与收获）		10 分	
合　计		100 分	

【理论要点】

新闻发布会又称记者招待会，是指特定的社会组织或个人把有关新闻单位的记者邀请到一起宣布有关消息或介绍情况，让记者就此提问，由专人回答问题的一种特殊会议形式。它是传播信息、谋求新闻界对某一事件客观报道的行之有效的手段，也是社会组织搞好与新闻界关系的最重要的方式之一。

一个组织在发展过程中难免会遇到许多错综复杂的问题，会发生许多重大的事件，如受到公众的批评、同其他社会组织发生法律纠纷、做出一项重要决策等。这就需要通过新闻发布会来与公众沟通信息，以取得公众的谅解与支持。所以说，新闻发布会也是公众广泛传播各类信息的重要工具之一。

一、新闻发布会的特点

举行新闻发布会必须有恰当的新闻由头，即该信息是否具有专门召集记者前来予以报道的新闻价值，并选择好举行新闻发布会的最佳时机。重要人物来访，发生重大事件，新产品试制成功，新的重大发展规划，新工厂建成投产，企业开张、合并转产，出现先进典型人物，重大庆祝日或纪念日等，都可能是促成新闻记者进行报道的恰当由头。举办新闻发布会的目的是迅速、及时地把组织的重要信息传播给社会公众，因而，新闻发布会的特点主要有以下几点：一是形式比较正规、隆重，规格比较高；二是记者可以从自己感兴趣的方面或所看重的角度进行提问，更深入地发掘消息；三是在深度和广度上比其他新闻发布方式更具优越性；四是比其他新闻发布方式占用记者和组织者更多的时间；五是所耗成本比较高；六是对发言人和主持人的要求很高，需要机智、敏感、反应迅速等。

二、新闻发布会前的准备工作

举行新闻发布会，应由公关人员周密计划、精心准备。新闻发布会前的准备工作主要有以下几项：

（一）确定新闻发布会的主题，选择最佳时机

主题是新闻发布会的中心议题。组织要从新闻媒介和社会公众的角度出发，确定会议的主题和信息发布的最佳时机。再进一步考虑这个主题是否非常重要，是否具有新闻价值，能否对公众产生重大影响，此时召开新闻发布会是否适宜等。

（二）选择会议时间和举办地点

举行新闻发布会，在时间上应该尽量避开节假日和有重大社会活动的日子，以免准备邀请的记者不能来参加。在地点选择上主要是考虑给记者创造各种方便采访的条件，如拍照、摄像的辅助灯光，视听辅助工具，幻灯片或视频的播放设备，适合记者使用的桌椅、电话机、传真机等，以及考虑交通是否方便、地点是否安静等。

（三）选择会议主持人和发言人

由于记者的职业习惯，提问大都尖锐深刻，有时甚至很棘手，这对主持人和发言人提出了很高的要求。主持人和发言人必须保持头脑清醒、反应机敏，有较高的文化修养和较强口头表达能力。在组织中，会议的主持人一般由有较高专业技巧的公关人员担任，会议的发言人由组织或部门的高级领导担任，因为他们清楚组织的整体情况、方针、政策和计划等问题，又具有权威性。

(四) 准备发言稿和报道提纲

要有专门的班子负责起草主要发言稿，应全面收集材料，写出通俗、准确、生动、有趣的书面发言稿。另外，应事先规定宣传内容的要点和背景，整理成详细的资料，即报道提纲，也可以附加照片。材料要编写得系统、简洁，要注意用事实说话，注意不要出现错别字和错页现象。报道提纲及其他书面材料要预先分发给出席记者，同时预先准备好记者可能提出的问题的基本答案，供主要发言人参考。

(五) 准备宣传辅助材料

要围绕主题准备宣传辅助材料，尽量做到全面、详细、具体和形象。形式应多样，有口头的、文字的、实物的等。这些材料的准备要根据会议主题和内容的具体要求而定，在会议举行时现场要摆放或分发材料，以增强发言人的讲话效果。

(六) 择定邀请记者的范围

应根据新闻发布会的主题，有选择地邀请相关领域的新闻记者参加，如经济类、文化教育类、体育类、社会生活类、法制类等专业领域都有不同的媒介工具或不同的媒体记者。还要根据消息发布的范围来确定记者的覆盖面和级别，考虑选择报纸、杂志、广播、电视等何种形式媒体的记者，以及考虑媒体是地方性、区域性还是全国性的。邀请对象一经确定，应提前7～10天发出邀请，临近开会时还应打电话联系落实。

(七) 制定会议费用预算

根据新闻发布会的规格和规模做出可行的经费预算，并留有余地，以备急用。费用项目一般有场租、会场布置、印刷品、茶点、礼品、文书用品、音响器材、邮费、电话费、交通费等，需要用餐时还应加上餐费。

(八) 做好接待工作

组织人员要提前布置好会场，周围环境要精心设计、安排，营造一种轻松、自然、和谐的会场气氛；培训接待人员和服务人员，要求他们穿戴整洁、适宜，精神饱满、愉快，体现组织的风格；安排会议的记录、摄影、摄像工作，以备将来宣传和纪念之用。

除以上几点会前准备工作外，有时会后还需要组织记者实地参观采访，这项工作需要有专人接待，并安排好参观路线和范围。

三、新闻发布会的流程

发布会的程序要周密、紧凑，避免出现冷场或忙乱局面。一般来说，新闻发布会的基本流程包括以下五步：

(一) 宣布开始

主持人宣布新闻发布会开始，致简短的欢迎词，介绍议题和议程，介绍新闻发言人出场。

（二）发布新闻

新闻发言人可以直接宣读新闻发布稿，也可以按发言提纲发布新闻。

（三）答记者问

由主持人指定提问记者，新闻发言人回答记者的提问。主持人自始至终掌握着时间和节奏，按事先规定的时间推动新闻发布会的进行，临近结束时宣布“最后一位记者提问”。

（四）宣布结束

新闻发言人回答完最后一位记者的提问后，主持人宣布新闻发布会结束。

（五）提示会后安排

主持人提示会后记者的活动，如对举办方的重要人物进行采访、参加酒会或茶会等招待会、参观生产车间和赠送礼品等。

召开新闻发布会要保证守时，切不可随意改期或者延迟，以免浪费新闻记者们宝贵的时间，给新闻单位留下不好的印象。

四、新闻发布会中的注意事项

（一）会议发言人和主持人应相互配合

新闻发布会应始终围绕着会议主题进行，这就需要会议的发言人和主持人配合一致，相互呼应。如当记者的提问离主题太远时，主持人要能巧妙地将话题引向主题，使发言人通过回答问题将话题引到会议的主题上来。

（二）尊重记者提问

不能随便打断记者的提问，也不要用各种语言、表情、动作对记者表示不满，即使记者的提问带有很强的偏见或带有挑衅性，也不能激动发怒，要表现出涵养，用冷静的态度和缓和的话语陈述事实，予以纠正和反驳。

遇到回答不了的问题，不能简单地说“不知道”“不清楚”“我不能告诉你”等，应采取灵活的办法给予回答，以免引起记者的不满和反感。对于不愿发表或透露的信息，应委婉地向记者做出解释，一般情况下记者会尊重组织者的意见。如果吞吞吐吐、闪烁其词，反而会使记者追根究底而造成尴尬局面，甚至记者会因此发表对组织不利的报道。对所发布的信息必须做到准确无误，若发现错误应及时纠正。

（三）对记者态度要真诚

组织新闻发布会必须注意对待记者的态度，接待质量如何将直接关系到发布消息的成败。与新闻界合作应以“真诚、主动”为方针，切不可因为自己的组织在社会上有了一定的声誉就趾高气扬，认为记者有求于己。对记者的接待，不论以何种方式，公关人员都必须时刻牢记记者的双重性。首先，作为人，他希望接待人员对他尊重、热情，并了解他的姓名、供职的单位、专业甚至他的作品；其次，作为专业人员，他希望给他提供工作之便，如一条有发表价值的消息、一个能拍到新奇照片的机会、一个电视导演感兴趣的生动场面、一条电台记者希望了解到的重要消息等。总之，应尽量满足记者的合理要求。

五、新闻发布会的会后工作

新闻发布会结束后，组织要检验会议的效果是否达到了预期目的，要求做好以下工作。

（一）整理材料，认真归档

尽快整理出新闻发布会的记录材料，对会议的组织、布置、主持和回答问题等方面的工作做一下总结，从中认真吸取经验和教训，并将总结材料归档备查。

（二）收集报道情况，纠正错误

收集与会记者在媒体上的报道，进行归类分析。对照会议签到簿，看与会记者是否都发了稿件，并对记者所发稿件的内容及倾向进行分析，以此作为以后举办新闻发布会邀请记者范围的参考依据。同时要检查是否达到了会议的预定目标，是否有由于失误而造成的损失。对检查出的问题，要分析原因并设法弥补。

（三）了解与会者的反应

收集与会记者以及其他与会代表对新闻发布会的反应，检查新闻发布会的接待、安排等方面的工作是否有欠妥之处，以便改进今后工作。

（四）针对报道，及时响应

若出现不利于本企业的报道，应做出良好的应对策略。针对不正确或歪曲事实的报道，应立即采取行动，说明真相，向报道机构提出更正要求；若报道的虽然是正确事实，但不利于本企业，这种情况完全是由企业内部错误造成的，对此应通过该报道机构表示虚心接受批评并致歉，以挽回企业声誉。

【思考练习】

1. 单选题

（1）新闻发布会的中心议题是（　　）。

A. 主题　　B. 时机　　C. 举办地点　　D. 新闻发言人

（2）在新闻发布会的组织过程中应该营造一种（　　）的气氛。

A. 紧张激烈　　B. 轻松自然　　C. 严肃　　D. 庄严

（3）新闻发布会的形式应（　　）。

A. 随意　　B. 轻松　　C. 小规模　　D. 正规庄重

2. 判断题

(1) 举办新闻发布会应尽量避开节假日或有重大社会活动的日子。 ( )

(2) 新闻发布会的发言人应有较高的职业素养。 ( )

(3) 新闻发布会结束后，对会议材料不用进行归档。 ( )

3. 简答题

(1) 举办一场新闻发布会的准备工作有哪些?

(2) 新闻发布会具有哪些特点?

(3) 在新闻发布会中，发言人应做哪些应对措施?

任务三　公关宣传稿的编写

【任务目标】

1. 理解公关宣传稿的定义
2. 掌握公关宣传稿的结构和写法
3. 了解公关宣传稿编写的注意事项

【任务情景】

F学院市场营销班学生在公关课上通过网络搜集并赏析了很多非常经典的、耳熟能详的公关宣传稿，老师要求学生模仿并自拟主题写一篇有创意的公关宣传稿。

【任务分析】

1. 实操任务

编写立意新颖的公关宣传稿。

2. 实操准备

(1) 本实操任务可在教室或实训室进行。

(2) 硬件准备：计算机、打印机、A4打印纸等。

3. 实操要求

(1) 公关宣传稿符合写作要求，格式规范。

(2) 编写完成后，学生之间互相评价并打分，也可轮流展示自己的作品，并做好记录工作。

【任务实施】

编写立意新颖的公关宣传稿

工作目标	学会编写公关宣传稿	实操时间	1 学时
工作内容	1. 了解公关宣传稿的功能 2. 编写公关宣传稿		
提交文件	公关宣传稿		
工作心得			

【任务考评】

公关宣传稿编写考评表

考评人		被考评人	
考评地点			
考评内容	公关宣传稿的编写		
考评标准		标准分值	得分
公关宣传稿写作格式规范、内容正确		40 分	
公关宣传稿立意新颖		30 分	
实训过程中态度认真、积极配合		10 分	
其他注意事项考虑周全		10 分	
工作心得（问题与收获）		10 分	
合　计		100 分	

【理论要点】

一、公关宣传稿的定义

公关宣传稿属于新闻公关的范畴，它是区别于软文（属于广告范畴）的一类传播工具。

从行文风格来看，公关宣传稿属于商务行文的一种；从主题和效果来看，公关宣传稿是带有一定宣传目的的说服性文档。这就要求公关宣传稿的撰写者站在一个相对客观的角度，通过清晰的逻辑、有力的素材，来让受众接受自己的观点，达到说服目标。

公关宣传稿常常以有影响力的媒体为载体，通过在特定的频道、版面、栏目发布，来实现说服的目标。当然，由于公关宣传稿所承载的传播诉求要通过受众阅读才能实现，而媒体又具有公信力的特质，包括公关宣传稿发布版位也具有某些特性，因此，公关宣传稿必须满足三个特性：客观、清晰、可读。

二、公关宣传稿的结构和写法

（一）基本结构——倒金字塔结构

“倒金字塔结构”是指行文中对于核心信息的处理方式，即信息的处理按照重要程度从前到后排列，即将最重要、最新鲜的事实写在新闻的最前面，然后依次递减。同时，文章的详略处理，也要按照“倒金字塔”的原则来安排。

（二）基本写法——公关宣传稿的“五段论”

“五段论”是宣传稿的一种最基础的写作模型，类似于古代的“八股”，掌握“五段论”的写作方法，有利于宣传稿写作的快速上手。

“五段论”操作要点：先对文章的标题进行核心信息分析，再进行提纲撰写和段落安排。

第一段：导语——破题。

导语一般不要直接以产品名开头，最好是在通过对标题的仔细分析后，再站在读者的角度自然切入。

第二段：宣传主体信息（核心描述）。

宣传主体信息是通篇稿件最重要的部分，在此段内，具备完整的宣传要素尤为重要，而这些均以在审题时抓住标题中隐含的宣传主体本质为前提。

第三段：宣传次要信息（主要背景）。

与宣传主题信息的相关性、合理性，是本段的写作要点。

第四段：宣传背景（次要背景/补充信息）。

补充读者需要知道或可能想知道的宣传背景，将会加强公关宣传稿的说服力。言简意赅是本段的写作要点。

第五段：结尾——宣传后续信息（宣传意义/附加信息）。

如果该公关宣传事件的意义重大，则在结尾时补充关于意义的描述，或者是补充读者可能想要知道的且与文章主题密切相关的附加信息，注意一定要与第一段（开头）相呼应。

三、公关宣传稿的编写步骤

（一）审题（谋篇）形成提纲

（1）确定稿件类型。

（2）确认稿件的核心传播信息（按重要程度降序排列）。

1）标题中所传递的宣传本质。

例：《千呼万唤始出来——奇瑞A3有奖预订活动启动》中的宣传本质即为“有奖预订活动”的各有关方面。

2）宣传核心背景。

例：《千呼万唤始出来——奇瑞A3有奖预订活动启动》中的核心背景即为“千呼万唤始出来”。

（3）次要背景及附加意图阐述。

（4）新闻附加信息。

可对稿件中没有明确提及的其余信息（如产品卖点等信息）进行传播，揣摩客户意图及其希望通过该宣传稿件达到的传播效果。

（二）参考

在对文章结构拿不定主意时，可以通过新闻关键词搜索的方法，找到合理的参考样稿，来检验提纲的准确性。

（三）撰写

在撰写过程中，要注意段落间的转承和文章尺度的把握这两个问题。

（四）检查

（1）错别字检查。

（2）语病检查。

（3）文章逻辑梳理。

（4）文章详略审视。

四、公关宣传稿编写的注意事项

（一）要有目的，抓住重点

比如客户计划启动×××计划、×××活动，一定要准确地把握住活动的目的。稿件的主题自然是围绕这个目的去展现，但有些撰稿人，在理解上会有偏差，按自己的感觉去写。对于一个事件或一个活动，每个人的理解肯定是不一样的，也许你的角度会比较正确，也许根本就是错的，但无论如何，因为你要写的稿件是为客户服务的，如果与客户的活动目的有所偏离，自然达不到写作目的。

那么，有了文章的主题，一切素材就要尽量去表现这一点。主题即是一条线索，它可能是精神要素，会体现在很多方面。所以，当一堆素材摆在面前时，要有选择有重点地放到文章中。

（二）要简单明了，不要过于深奥

公关宣传稿所承担的任务就是把最近发生的或者是即将发生的事情进行报道。如果要糅合作者的观点，就通过议论的表达方式或者是在叙述中去表现。有些撰稿人把公关宣传稿搞得过于深奥，难以理解，效果就不好了。

（三）宣传角度要客观

撰稿人一方面要站在媒体的角度上，考虑稿件是否具备宣传价值，写作是否公正客观；另一方面还要站在客户的角度上，审查稿件是否传达了客户想传达的意思。

【思考练习】

1. 多选题

（1）公关宣传稿编写时应（　　）。

A. 客观　　B. 清晰　　C. 可读　　D. 准确　　E. 主观

（2）公关宣传稿的撰写角度要注意（　　）。

A. 公正客观　　B. 站在客户的角度

C. 准确传达客户思想　　D. 具备宣传的价值

E. 迎合公众的需求

2. 判断题

（1）公关宣传稿要宣传的是已发生的“旧闻”。（　　）

（2）为客户编写公关宣传稿时应抓住客户想要表达的重点。（　　）

（3）公关宣传稿就是广告。（　　）

3. 简答题

（1）简述公关宣传稿“五段论”的基本写作法。

（2）公关宣传稿写作时应注意哪些问题？

任务四　网络公关

【任务目标】

1. 了解网络公关的概况
2. 了解网络公关的传播程序
3. 掌握网络公关的渠道和形式
4. 熟悉有效开展网络公关的途径
5. 理解网络公关的利弊

【任务情景】

2008 年 11 月 5 日，民主党总统候选人奥巴马在美国总统大选中获胜，成为美国历史上第一任黑人总统。在选举期间，奥巴马运用了大量的现代化网络公关手段。据调查显示，奥巴马个人博客的访问量超过 7 000 万次，每 10 000 个奥巴马的选民中，就有近五分之二的人是通过访问奥巴马官方网站或是其他政治性博客后才决定投票给奥巴马的。奥巴马从个人网站到视频、博客，再到网络广告、搜索引擎，运用网络平台进行了全面政治主张推广，且执行到位，力度精准，大大提高了其竞争实力。

请根据上述案例分析现代化网络公关宣传的优势。

【任务分析】

1. 实操任务

分析现代化网络公关宣传的优势。

2. 实操准备

(1) 本实操任务可在教室或实训室进行。

(2) 硬件准备：计算机、打印机、A4 打印纸等。

3. 实操要求

(1) 分析案例，结合所学知识，以小组形式讨论。

(2) 学生之间互相评价并打分，并做好记录工作。

【任务实施】

分析现代化网络公关宣传的优势

工作目标	分析现代化网络公关宣传的优势	实操时间	1 学时
工作内容	1. 了解什么是网络公关 2. 分析案例		
提交文件	案例分析报告		
工作心得			

【任务考评】

网络公关考评表

考评人		被考评人	
考评地点			
考评内容	网络公关		

考评标准	标准分值	得分
对案例分析内容全面、观点正确	40 分	
对案例分析见解独特、角度新颖	30 分	
实训过程中态度认真、积极配合	10 分	
其他注意事项考虑周全	10 分	
工作心得（问题与收获）	10 分	
合　计	100 分	

【理论要点】

一、网络公关的概况

（一）网络公关的含义

网络公关是近年兴起的，业内还没有统一的定义，大多数学者认为网络公关是指利用互联网作为传播媒介与网络公众增进了解，进而维持与公众的良好关系与互动，达到传统公关的目的。

业内就“网络公关”的含义有以下几种常见说法：

“网络公关指企业在网络空间的公众关系。网络的空间存在着形形色色的‘大众群体’，企业通过其网络上的各种存在形式，以及通过采取各种方式，来加强品牌的影响力，促进品牌的推广。”

“通过网络媒介对某个事件、人物、企业或品牌进行评论与评价，向网民进行定向宣传，以达到改善某个事件、人物、企业或品牌形象的目的。”

“网络公关又叫线上公关或 e 公关，它利用互联网的高科技表达手段营造企业形象，为现代公共关系提供了新的思维方式、策划思路和传播媒介。”

综合以上各种定义，网络公关就是相关组织以互联网为手段针对网络公众进行的一种公关方式。网络公关的主体是组织，传播媒体主要是互联网，客体是网络公众。网络公关的目的是维护和改善组织形象，提升其知名度。

（二）网络公关的产生与发展

互联网在全球范围内的迅速发展，对传统社会产生了冲击和挑战，人类迎来了网络时代。目前中国大约有8亿网民，信息化浪潮席卷中国大地。网络时代的到来，要求人类社会生活的各个方面与之相适应，公关界也是如此。网络条件下的公共关系拓展了传统的公共关系内涵，使其主客体范围扩大、手段更新。目前中国的公关行业，无论是数量还是规模，发展都很迅速。网络时代的到来，使网络传播媒介成为公共关系传播的新媒介，二者逐渐创新，从而产生了网络公共关系，简称网络公关。

（三）网络公关与网络广告的关系

随着网络公关的兴起，网络公关与网络广告一样成为重要的网络营销工具。二者在目标、传播方式、传播周期、工作性质以及效果上存在着不同。同时，网络公关作为一种工具需要借助于广告形式，而广告业务也需要公关思想作为指导。

二、网络公关的传播程序

网络公关属于传统公关范畴。与平面媒体、广播电视媒体的公关相同，网络公关也是在解决“传播什么、向谁传播、在何处传播”的问题。

（一）确定传播内容

传播内容取决于传播目的。与传统公关目的相同，网络公关的目的也存在于两个层面：一是组织层面，提升组织的知名度，塑造良好的组织形象；二是产品层面，宣传组织的产品特色、优势，促进产品销售。

（二）确定传播对象

“向谁传播”即确定网络公关的受众。网络公关的受众分为两大类型：一种是围绕组织、由利益驱动形成的垂直型网络用户，包括投资者、供应商、分销商、顾客、雇员及目标市场中的其他成员；另一种是围绕某一主题形成的横向网络用户，包括竞争对手、行业协会、联合会等。目前网络公关逐渐成为组织与内外公众沟通的主要方式。

（三）选择合适的媒体

“在何处传播”是媒体选择的问题。一般来说，网络公关的媒体是互联网，但是为了取得最佳传播效果，目前许多企业组织采取网络媒体与传统媒体相结合的方式。

三、网络公关的渠道和形式

（一）网络公关的渠道

网络公关总体上有两种渠道：一是建立组织自身的网站；二是利用其他新闻服务商和媒体。

企业可以通过自建网站，建立一个企业产品、文化、品牌、形象等方面的展示平台，也可利用自有网站平台发布信息，和公众及顾客进行及时的交流和沟通。但企业的自有网站需要不断地维护、更新和推广，在建站初期影响力往往有限，对一些网络突发事件及危机事件缺少足够的应对能力。

为了提高企业网站知名度，借助一些专业门户网站或影响大的综合性网站对其进行推广是必要的。企业借助新闻服务商及媒体的力量，可在短时间内迅速提高公关活动的人气，提升公众对企业及其各种活动的认知程度。

（二）网络公关的形式

1. 新闻公关

企业可通过自有网站、有影响力的门户网站、新闻网站、传统媒体等途径发送新闻报道，以实施网络公关。在用新闻公关时，应当注意新闻报道的真实性，因为在网络社会，公众可以从更多的途径验证新闻的真实性。在利用传统媒体时，还应注意处理好企业和媒体之间的关系。

2. 论坛公关

论坛是网络上一种广泛应用的信息交流工具，对网络公共关系而言，更具有特殊的传播沟通功能。企业可以在各大相关论坛网站上通过发布企业正面信息帖、转帖、回复等活动引发讨论，或与公众进行“在线聊天”等，来拉近组织与公众之间的距离，达到网络公关的目的。

3. 电子邮件公关

向特定的顾客和重要人物发送特别制作的电子邮件，进行个别对象的公关，或实现一对一传播，增加公关的人情味。

4. 其他网络公关形式

企业也可以组织网络访问、网络调查、网络讨论、网络分析和评论等形式，对公众所关注的问题进行收集、分析和反馈，以促进企业和公众的相互理解。此外，还可以通过网络组织开展一些公益性活动，如网络捐助、网络义卖、网络社区服务、网络问题解答等，引发公众对企业的认同，提升企业形象。

四、有效开展网络公关的途径

（一）先入为主

人的时间与精力有限，对某一事件或现象极易形成先入为主的思维定式。故网络公关者应第一时间发表信息，主导话语权。应避免“被批评—沉默—再被批评—辩解”的恶性循环。

（二）二八定律

网络传播的自由与个性决定了网络话语权的“草根”特性，但不是网络上每个声音都能形成网络舆论。网络上80%的声音由20%的网民发出，这20%的网民就是网络公关的活跃群体。

网络公关团队要成为活跃网民、带动活跃网民、保证传播频率和覆盖密度的“意见领袖”。

（三）群极分化

有时网民一开始表现出某些倾向，经过网上的交流和讨论后，网民的主流观点开始偏离正常轨道，最终形成极端言论。网络公关团队应进行实时舆情监控，高效应对危机事件。

五、网络公关的利弊

（一）网络公关的优势

首先，网络公关突破了传统公关的时空限制、传统媒体的限制，使组织拥有更大的主动权和传播优势；其次，网络公关客体的能动性提高，网络媒体的互动性使组织和公众都拥有了更大的主动性，其客体不只是单一的信息接收者，公众可以对网络信息自由选择、编辑；再次，网络公关操作简便、成本低、效果佳。

（二）网络公关的弊端

一是易受到网络上的恶意攻击，如竞争对手恶意丑化组织形象，散布流言，黑客入侵并对组织网站恶意涂改等；二是易使组织负面事件形成的不利信息大范围传播，网络具有传播速度快、传播范围广的特点，对负面消息更是如此；三是对网络技术方面要求很高。

【思考练习】

1. 多选题

（1）网络公关又被称为（　　）。

A. 新媒体公关　　B. 线上公关　　C. e公关　　D. 网络空间公众关系

E. 非主流公关

（2）网络公关的主要形式有（　　）。

A. 新闻公关　　B. 论坛公关　　C. 电子邮件公关　　D. 网络讨论

E. 网络销售

（3）网络公关的优势为（　　）。

A. 增强主动性　　B. 成本低　　C. 效果好　　D. 宣传面积小

E. 技术要求高

2. 判断题

（1）网络公关对网络技术方面的要求不是很高。　　（　　）

(2) 网络公关指企业在网络空间的公众关系。 (   )

(3) 当出现负面评价的时候可以用网络删帖的方式应对。 (   )

3. 简答题

(1) 简述网络公关的传播程序。

(2) 网络公关的弊端有哪些?

(3) 简述网络公关与网络广告的关系。

项目三

公关调研

任务一　公关调研的组织

【任务目标】

1. 了解公关调研的含义、意义和原则
2. 掌握公关调研的内容
3. 熟悉公关调研的组织步骤
4. 学会制定公关调研组织提纲

【任务情景】

北京市F大学新生在学习上出现了无法适应老师的教学方式及学院安排的课程，同时也找不到适合自己的方式来学习的情况，但在学习态度上，学生们大都还是力求上进的。基于此，F大学经管学院开展了关于学院学生对教师第一堂课的意见与看法的调查活动。

这次调查的目的是通过调研学生对第一堂课的看法，分析出如何才能上好新生入学的第一堂课，针对报告总结出来的问题提出可行性方案，从而提高教学质量。

本次调查在F大学举行，被调查者为在校大学生。

【任务分析】

1. 实操任务

(1) 模拟公关调研的组织步骤。

(2) 撰写公关调研组织提纲。

2. 实操准备

(1) 本实操任务在校园或教室内进行。

(2) 本实操任务可分组进行，每4～5个学生一组，为组员分配不同任务。每组学生讨论并拟定调研步骤。

(3) 硬件准备：计算机、打印机、A4打印纸等。

3. 实操要求

(1) 设计调研程序与方法。

(2) 调研组织提纲要符合写作要求，格式规范。

(3) 将文字录入计算机，并按照规定的排版格式进行排版。

(4) 调研组织完成后，小组成员互相评价并打分，做好记录工作。

【任务实施】

1. 模拟公关调研的组织步骤

工作目标	了解公关调研的内容和组织步骤	实操时间	1学时
工作内容	1. 了解公关调研的内容 2. 熟悉公关调研的组织步骤		
提交文件			
工作心得			

2. 撰写公关调研组织提纲

工作目标	学会撰写公关调研组织提纲	实操时间	1学时
工作内容	调研组织提纲包括调研目的、调研对象、调查问卷、调查的时间和地点、调查方式和方法、研究分析方法、调研组织计划和调研经费预算等内容		
提交文件	调研组织提纲		
工作心得			

【任务考评】

公关调研组织工作考评表

考评人		被考评人	
考评地点			
考评内容	公关调研活动组织		
考评标准		标准分值	得分
收集资料的方法得当，收集的信息资料翔实		20 分	
公关调研的组织步骤合理		20 分	
调查过程中采取的方法及遇到问题时的应对策略恰当		10 分	
调研组织提纲撰写规范		20 分	
实训过程中态度认真、积极配合		10 分	
其他注意事项考虑周全		10 分	
工作心得（问题与收获）		10 分	
合　计		100 分	

【理论要点】

一、公关调研概述

（一）公关调研的含义

中国有句老话叫作“知己知彼，百战不殆”，公关调研其实就是为了给社会组织管理部门提供参考依据，达到“知己知彼”的状态，以保证组织有效开展各项公共关系事务活动而做的工作。作为公关活动的起点与基石，公关调研是在特定的时间与地域范围内，运用相关调查方法和工具，收集并分析和本组织相关的公众的观点、态度和行为信息，了解和掌握自身公共关系状况。在这个过程中所获得的信息可以用于制定长远的战略性规划，也可以用于制定某阶段或针对某问题的具体政策或策略。公关调研不仅有助于组织把握目前的公关状况与问题，还有助于组织及早发现潜在的威胁，为具体公关活动目标和方案的正确制定提供客观依据，让公关人员可以“对症下药”“量体裁衣”，使问题尽快得到解决。

公关调研是社会调研的一种表现形式，它是指社会组织采用科学合理的方法，准确翔实地收集有关组织形象、公众需求、社会环境及发展趋势等方面的信息，为组织开展公共关系工作提供条件和基础，也为组织进行公关策划提供科学依据的公共关系步骤。

（二）公关调研的意义

1. 能够帮助组织准确地为产品和形象定位

公关调研可以帮助组织了解公众真实的消费需要，明确界定组织的产品和服务，它还可以帮助组织准确地了解其在公众中的形象定位。组织的形象定位是指组织明确以什么样的形象出现在公众面前，形象定位取决于组织的战略定位和组织的竞争优势。通过产品和形象定位调查，可以测量出组织自我期望的形象与其在公众中实际形象的差距。组织可针对这个差距策划有效的公共关系活动方案，以缩小差距。

2. 能够为组织管理决策提供科学依据

公共关系活动的主要功能是系统阐释及贯彻落实组织目标，为组织决策层制定实现组织目标的各种战略提供咨询建议。它既非推销也非广告，严格地讲也不属于促销，它是管理职能、管理行为的一个组成部分。公共关系调查的主要任务就是及时地为组织提供决策依据并能有效地预测和检验决策的正确性。因为只有通过调查，才能使组织了解公众的要求和愿望；只有了解了公众的要求和愿望，才能做出符合公众的要求和愿望的决策；只有做出符合公众要求和愿望的决策并认真实施，才能使组织在公众的心目中树立起良好的形象。

3. 能够帮助组织监测公众舆论

公众舆论最初是自发产生的，并处于不断扩大或缩小的动态中，它是公众对组织的一种浮动的表层的认识。但是，当少数人的观点、态度扩展为多数人的观点、态度，分散的、彼此孤立的意见集合为彼此呼应的公众整体意见，声势尚小、影响甚微的局部意见变成声势浩大的公众的共同反响时，对组织的形象就会产生很大的影响。积极的公众舆论有利于组织塑造良好形象，消极的舆论则会损害组织的形象，甚至会造成组织形象危机。因此，通过公关调研，监测公众舆论，并使组织及时扩大积极舆论、缩小消极舆论是十分重要的。

公共关系通常通过以下三种方式影响舆论：一是扭转或反击不利的舆论；二是争取独立的舆论；三是促进或强化有利的舆论。

（三）公关调研的原则

公关调研是一项具有科学性和技术性的工作，因而要遵循以下原则：

1. 客观性原则

公关调研首先要遵循客观性原则。公关人员在进行调查时要从实际出发，严格按预定程序开展调查工作，尊重客观事实。在调查结束后的材料整理过程中要区分公众的主观臆想和客观态度，也要防止公共关系人员将自身猜测成分加进去。只有这样，才能保证调查结果的真实性和可靠性。

2. 伦理性原则

公关调研的有效性是建立在伦理性原则的基础之上的。公共关系组织委派公关人员进行调查，不可能逐一进行监督，因而，公关调查人员必须遵守职业道德，自觉、规范地进行调查，不得欺骗或胁迫调查对象，更不能为获取某种有价值的资料而不择手段。只有坚持伦理性原则，才能既维持公关组织的声誉，又获得公众的好感。

3. 时效性原则

公关调研是有其时机和时限的，这既包括公关组织自身发展过程中的有利时机，也包括社会上的重大节庆日等契机。公关调研只有做到坚持时效性，才能准确及时地掌握市场信息，对市场变化及时做出反应或调整，才能始终使公众感觉到社会组织对他们无时不在的关注与关心，更好地协调与公众的关系。所以，公关调研一定要以时效性为基础原则。

二、公关调研的内容

作为一项系统的公关研究工作，公关调研的内容相当广泛而丰富，涉及组织公共关系的目标、主体和客体，也涉及公共关系的传播媒介、社会环境等。但公关调研的关键还是要围绕组织展开深入调查，把握公众对组织的认识和评价，研究分析组织所处的环境。一般来说，公关调研主要包括以下四个方面：社会环境状况调研，组织内外相关公众的调研，组织自身形象调研和传播媒介状况调研。

（一）社会环境状况调研

公共关系中所谓的社会环境是指与组织发生联系的各类公众和社会条件的总和。收集本组织所处的社会环境的各种信息，对本组织的生存发展和经营策略的制定具有极其重要的意义。具体来说，需要调查分析与本组织相关的政治、经济、法律、文化环境，如：国家颁布的各项相关的政策、法律、法规对组织发展的影响，国家及地方政府有关部门制定的规章制度对本组织经营行为的影响，本组织在执行法律、政策时社会时尚风气对其产生的正面或负面的影响，本组织所倡导的消费观念是否有悖于传统文化心理，本组织在不同的地域受到当地文化习俗的影响程度，本组织市场占有份额等方面的情况。要着重调查分析本组织所面临的机遇与挑战，如本组织的消费群体的需求内容、潜在消费群体的分布状况等。

（二）组织内外相关公众的调研

1. 组织内部公众关系状态的调研

对一个组织内部公众关系状态调查的内容主要包括：组织的经营理念、战略目标；组织在实现经营目标的过程中可能会遇到的公共关系障碍；组织的运行状况；组织的市场分布状况和市场占有率的准确数据；组织的文化建设状况；组织的管理方法、生产计划、财务制度；组织生产的产品种类、规格、型号、价格、销售状况；组织的服务项目和服务水平；组织产品的生产成本、高科技含量、新产品开发情况、产品的质量与价格和竞争对手产品的比较情况；组织管理层人员及其素质、领导班子的关系状态，领导班子的领导才能以及在公众中的威望；员工的工作态度、信仰与价值观、兴趣、爱好、年龄结构、学历水平、专业特长、家庭经济状况；在员工中的非正式组织，及该组织对实现经营目标可能会产生的影响。

2. 组织外部公众关系状态的调研

对组织外部公众关系状态的调研内容主要包括以下内容：

首先，需要着重调查社会公众对本组织名称的熟悉程度，对本组织的产品、企业标志及服务内容的知晓程度，对本组织发生的重大事件和主导服务项目以及领导人更替的关注程度，等等。

其次，需要调查本组织的美誉度，即社会舆论对本组织的认同与赞美程度。如：公众对本组织的产品和服务项目是否欢迎，欢迎的程度如何；本组织的广告词是否给公众留下了深刻的印象。

再次，需要调查公众对本组织的评价，如：公众对本组织的经营理念、企业文化、员工形象、产品质量、服务水平的评价，这些评价与本组织的竞争对手存在何种差异；公众对本组织推出的新一代产品的价值评判；公众对本组织的领导人的素质与管理风格的评价。

最后，还要调查公众是否积极参与本组织的意见征询工作，对本组织为改善产品或服务质量所做的调查是否积极配合，公众是否接受本组织所倡导的价值观念和消费观念等。

（三）组织自身形象调研

所谓组织自身形象指的是相关公众对组织的看法与评价的综合情况。这是公关调查的重要内容，因为形象对于任何一个社会组织的意义正变得越来越重要，特别是对于从事产品生产与经营的工商企业来说更是如此。良好的形象能帮助企业赢得更多顾客、投资者及社会各界的合作与支持。组织形象包括自我期望形象和实际社会形象两个方面。

1. 自我期望形象

这是组织自身期望建立的形象，即上至组织领导下至普通员工对组织形象的期望与看法。领导决策者决定着组织发展的总目标与战略方向；员工则是组织赖以生存和发展的基础，其工作态度与热情直接影响组织的发展。自我期望形象是公关的内在驱动力和努力方向，在组织现实条件的允许范围内，期望越高，组织内聚力和发展的内在驱动力就越大。

2. 实际社会形象

实际社会形象指的是公众对组织现实行为与政策的评价与看法，涉及相关公众对组织的认知、态度和行为倾向情况。

（1）知名度和美誉度。

知名度是公众对组织信息的知晓程度，即公众对社会组织名称、方针政策、基本职能、产品服务、经营状况等基本信息知晓与了解的情况。

美誉度即公众对组织在产品服务、经营管理、社会责任承担、行为活动等方面的表现所持的满意、支持、信任与赞誉的程度。

除了知名度和美誉度，公关人员还可对公众的行为倾向情况做出分析与预测，即努力了解与把握公众对组织的产品、服务、政策、行为已经或准备采取什么样的行动。

（2）组织形象地位评估。

在把握组织知名度和美誉度这两个指标的基础上，我们可以绘制直观的组织形象地位图，并借此确定组织的努力方向与工作重点。

（3）组织形象要素分析。

组织形象要素是指会影响组织形象好坏的相关因素。对于不同性质与类型的组织而言，因公众要求与评价标准的不同，形象要素指标的内容也会有所不同。

（四）传播媒介状况调研

每一次公关活动结束以后，组织都要对其产生的效果进行细致的调查，从中总结规律，获得经验教训，为后续的公关活动提供借鉴。首先，通过各种渠道获取各新闻媒体对本组织的报道材料，仔细分析报道的新闻媒体的档次、报道的时机，公众对该媒体的认可程度以及对报道内容的关注程度，新闻媒体报道对公众消费行为产生多大的影响等。其次，要对本组织自我期望形象和实际形象进行调查分析，两者一般存在一定的差距，指出其差距，分析形成差距的原因，这要通过衡量组织形象的两个指标即知名度和美誉度来实现。最后，对公众的来信、来访、电子邮件、投诉电话等要进行深刻的分析与调查，从中获取有益的信息以指导后续的公关工作。

三、公关调研的组织步骤

公关调研的组织程序，就是根据调查研究的目的和对象，在进行实际调研之前，对调研工作总任务的各个方面和各个阶段进行通盘考虑和安排，提出相应的调研实施方案，制定出合理的工作程序。

（一）制定调研组织提纲和调研方案

一份正式的调研组织提纲包括调研目的、调研对象、调查问卷、调查的时间和地点、调查方式和方法、研究分析方法、调研组织计划和调研经费预算等内容。公关调研组织提纲是公关调研方案的基础，调研方案是整个调研行动的纲领，是保证调研工作成功的关键。

（二）设计调查方法

公关调查有很多方法，我们可以根据调查的目的和调查对象的特点选择相应的方法。其中，使用较多的有抽样调查法、访问调查法、文献研究法、问卷调查法、观察分析法等。

(三) 收集调查资料

收集调查资料的阶段，实际上就是调研方案的实施过程，其中心任务是组织调查队伍，遵照总体方案的要求和设计好的调查方法，进行资料和数据的收集。

(四) 处理调查结果

处理调查结果是公共关系调研的最后一步。它包括两项内容：整理调查资料和撰写调查报告。整理调查资料即对调查收集到的资料进行审查、汇总、统计，获得相应的数据。撰写调查报告则是对调查资料的分析和调查结果的描述，并对整个调查的科学性、准确性和局限性给予必要的说明。

【思考练习】

1. 单选题

(1) 公关调研的关键是要围绕（　　）展开深入调查。

A. 提纲　　B. 调查资料　　C. 组织　　D. 调查结果

(2) 公关调研组织提纲是公关调研方案的基础，（　　）是整个调研行动的纲领，是保证调研工作成功的关键。

A. 调研活动　　B. 调研方案　　C. 调研资料　　D. 调研方法

2. 判断题

(1) 公关调研是没有时间限制的，随意性较强。（　　）

(2) 组织形象要素指的是会影响组织形象好坏的相关因素。（　　）

(3) 公关调研的最后一步是整理调查资料。（　　）

3. 简答题

(1) 简述公关调研的意义。

(2) 公关调研的内容主要包括哪些?

(3) 简述公关调研的组织步骤。

任务二　公关调研方案的设计

【任务目标】

1. 掌握公关调研方案的设计程序
2. 熟悉公关调查的基本方法

3. 了解公关调研方案设计的注意事项
4. 学会撰写公关调研方案

【任务情景】

随着中国高等教育的发展，大学生的数量急剧增加，大学生就业难问题已成为社会热点。北京市H大学就业研究小组决定做一个关于中国大学生就业问题的课题，要求课题组成员设计一个调研方案来收集有关数据。本次调研就是从大学生就业现状入手，采用合理的调查方法，拟订恰当的调研方案，分析当今大学生就业存在的问题及其原因，从而在国家、学校教育、社会与个人方面提出解决对策与实施方案。

【任务分析】

1. 实操任务

拟订设计公关调研方案。

2. 实操准备

（1）本实操任务可在教室或实训室等场所进行。

（2）本实操任务可分组进行，每4～5个学生一组，为组员分配不同任务。每组学生讨论并拟定调研目的、类型、范围、资料来源和方法等。

（3）硬件准备：计算机、打印机、A4打印纸等。

3. 实操要求

（1）学生分组设计并拟订调研方案。

（2）调研方案要符合写作要求，内容全面，格式规范。

（3）将文字录入计算机，并按照规定的排版格式进行排版。

（4）调研方案完成后，小组成员互相评价并打分，做好记录工作。

【任务实施】

拟订设计公关调研方案

工作目标	学会拟订设计公关调研方案	实操时间	2学时
工作内容	1. 调研目的 2. 调查对象和调查单位 3. 调研项目		

续表

工作内容	4. 调查提纲和调查表 5. 调研时间和地点 6. 调研方式和方法 7. 研究分析方法 8. 提交研究报告的方式 9. 调研组织计划 10. 调研预算
提交文件	公关调研方案
工作心得	

【任务考评】

公关调研方案设计工作考评表

考评人		被考评人	
考评地点			
考评内容	公关调研方案		
考评标准		标准分值	得分
公关调研方案格式规范、结构完整、版式美观		30 分	
公关调研方案内容要素齐全		30 分	
调查表内容设计合理		20 分	
实训过程中态度认真		10 分	
工作心得（问题与收获）		10 分	
合　计		100 分	

【理论要点】

一、公关调研方案的设计程序

公关调研方案的设计程序，就是根据调查研究的目的和对象，在进行实际调研之前，对调研工作总任务的各个方面和各个阶段进行通盘考虑和安排，提出相应的调研实施方案，制定出合理的工作程序。

（一）确定调研的目的

调研的目的是指调研所要解决的问题。目的不同的调研，其内容和范围也不同。调研的目的一般应根据调研组织者（或委托者）的实际生产经营情况，结合环境的变化而定。

（二）确定调查对象和调查单位

确定调查对象和调查单位，就是确定向谁调查。调查对象由某些性质相同的被调查的个体单位所组成。调查单位是调查对象中的一个个具体单位，即调查登记的承担者。调查对象应根据调查目的来确定。

（三）确定调研项目

确定调研项目就是要明确向被调查者了解些什么问题，如消费调查中消费者的性别、民族、文化程度、年龄、收入、动机、态度等。确定调研项目时还需注意几个问题：

（1）调研项目应是调研任务所需又能取得答案的。

（2）项目的表达方式必须明确，使答案具有确定的表达形式，如数字式、是否式或文字式。

（3）项目之间应尽量相互联系，资料应相互对照，遵照调研对象的内在逻辑关系。

（4）必要时可以附上项目的解释，以确保调研项目含义的明确、肯定。

（四）制定调查提纲和调查表

对项目进行科学的分类、排列，构成调查提纲和调查表。调查表由表头、表体和表脚三部分构成。表头包括调查表的名称、调查单位（或填报单位）的名称性质和隶属关系等。表头内容一般不作统计分析之用，只是核实和复查调查单位的依据。表体包括调查项目、栏号和计量单位，它是调查表的主要部分。表脚包括调查者或填报人的签名和调查日期等，目的在于明确责任、提高填表质量。调查表拟定后，为了便于正确填表、统一格式，还要附填表说明。

（五）确定调查时间和地点

调查时间是指调查资料所属的时间。

（1）要明确规定资料所反映的信息是从何时起到何时止的。

（2）要明确规定统一的标准调研时点。

（3）要规定调查工作的开始和结束时间。为了提高信息资料的时效性，在可能的情况下，调研期限应适当缩短。

调查地点是指到哪里去调研，它通常与调查单位相统一。

（六）确定调查方式和方法

在总体方案中，应规定采用什么组织方式和方法取得调查资料。收集资料的方式有普查、重点调查、典型调查、抽样调查等。具体调查方法有访谈法、观察法、问卷法和实验法等。调查采取的方式、方法不是固定和统一的，往往取决于调查对象和调研任务。大中型调研要注意多种方式和方法的结合运用。

（七）确定研究分析方法

对调查所取得的资料进行研究分析，包括对资料进行的分类、编号、分析、整理、汇总等一系列工作，如因果分析、相关分析等。

（八）确定提交研究报告的方式

提交研究报告的方式主要包括市场调查研究报告书的形式和份数、报告书的基本内容、报告书中的图表等。

（九）制订调研组织计划

调研组织计划是指实施整个调研活动过程的具体工作计划，主要是指调研的组织领导、调研机构设置、人员的选择和培训、调研工作步骤及善后处理等。

（十）制定调研预算

调研的经费绝不仅仅限于问卷设计、问卷发放、报告撰写这三项，还有许多细节，稍一疏忽，就会超出预算。因此，在进行调研预算安排时，要将可能需要的费用尽可能全面考虑，并向客户解释清楚，以免将来出现一些不必要的麻烦而影响调研的操作。在进行调研经费预算时，一般需要考虑如下几个方面：

（1）调研方案设计费与策划费；

（2）抽样设计费、实施费；

（3）问卷设计费；

（4）问卷印刷、装订费；

（5）调研实施费用；

（6）数据录入费；

（7）数据统计分析费；

（8）调研报告撰写费；

（9）资料费、复印费等办公费用；

（10）管理费、税金等。

二、公关调查的基本方法

公关调查有很多方法，应根据调查的目的和调查对象的特点选择相应的方法。其中，使用较多的有抽样调查法、访问调查法、文献研究法、问卷调查法、观察分析法等。

（一）抽样调查法

抽样调查法是指从调查对象的总体中按照一定的比例抽取一部分作为样本加以调查，并把样本的调查结果近似地等同于总体的调查方法。抽样调查可以分为随机抽样调查和非随机抽样调查两大类。随机抽样调查是在总体中随机抽取一定数目的个体进行调查。非随机抽样不是根据概率原理抽样进行调查的方法，它是按照调查者的主观意愿，有意识地在总体中选择一些单位作为样本进行调查的方法。抽样调查法用部分代替整体，获得的数据是近似的，但由于它省时、省力、可操作性强，因此得到广泛的应用。

（二）访问调查法

访问调查法是指调查人员根据事先预定的主题和内容与调查对象进行面对面的访问和谈话以获取所需要的信息、资料的方法。访问调查法有多种多样的形式，我们应根据调查的目的、内容、调查对象的需要来选择个人访问法、集体访问法、来信来电法等不同方式。

（三）文献研究法

收集有关调查对象的文献资料并进行研究分析，这是一种有效的调查方法。该方法具有信息可靠、翔实、说服力强、成本低等特点。其局限性是速度慢、耗时多。应用此方法时，应在广泛收集、积累资料的基础上进行深入分析和研究，从而获取有价值的信息和结论，为组织决策提供信息支持。

（四）问卷调查法

问卷调查法又称民意测验法，这种方法是指调查者根据调查目的将所要调查的内容和问题设计成统一的问卷量表，选择相应的群体发放问卷，让他们根据各自的情况做出回答。问卷调查法成本低、答案标准化、结果数量化，便于统计分析，容易控制，获得的信息详细可靠。由于它具有这些优点，故被广泛采用。问卷设计有开放型、封闭型和半开放型，我们可以依据不同的需要选择不同类型的问卷。

（五）观察分析法

观察分析法是指公关人员在自然条件下有目的、有计划、有重点地借助于自己的感观或各种测量仪器观察和研究他人的言行表现，并把得出的结果按照一定的次序做系统的记录、分析和整理，写出报告的研究方法。观察法主要适用于其研究目的是描述调查对象在自然条件下的具体状态，或对正在进行的一些活动过程进行研究，如研究消费群体的购买行为、考察消费者的消费心理等。观察法运用得当，可以获得其他研究方法难以得到的具有较高真实性与准确性的第一手资料，并且操作简单，费用较低。但是，观察分析法有时会受到调查者的主观意志的影响，获得的信息不一定有说服力。

三、公关调研方案设计的注意事项

（一）调研目的的表述要具体明确

调研目的是调研方案的核心，调研目的的表述要具体明确，尽可能限制在少数的假设上。对每一个假设，应认真思考至少三个问题：

（1）为什么要开展正式的调研？

（2）通过调研活动想知道什么？

（3）知道了这些，对公关决策有什么作用？

（二）根据所需调研的问题和调研目的，选择调研的类型

调研类型一般分为探测性调研、描述性调研、因果性调研和预测性调研，各有其特点与适用范围。

（1）探测性调研是对所要分析的问题不太清楚、无法确定时，经常采用的一种方法。目的在于找出症结，缩小范围，为进一步的调研做准备，所以只是收集一些相关资料进行初步分析，然后再考虑进一步开展其他类型的调研。

（2）描述性调研主要进行事实材料收集整理，目的在于回答“发生了什么”，并为因果性调研和预测性调研奠定基础。由于描述性调研能对某一专门问题提供答案，因而比探测性调研更为细致深入，可减少误差。

（3）因果性调研的目的在于弄清原因和结果之间的客观联系。它在描述性调研收集的因变数和自变数资料的基础上，进一步分析何者为因，何者为果，以及因果之间的相关程度，为回答一些“为什么”的问题提供资料。在因果性调研中，多以组织自身可控制的各种因素为因变数，不可控制的各种因素为自变数。

（4）预测性调研是通过收集、分析有关历史与现实资料，运用一定的教学方法推算有关问题未来的状况的一种方法。

（三）准确确定调研范围、资料来源和调研方法

调研范围是根据调研目的确定的所需资料的内容数量。例如，公关调研一般要掌握公众的以下情况：

（1）背景资料。如调研对象的姓名、年龄、性别、籍贯和联系方式，以及受教育程度、职业、收入和家庭背景等。

（2）知晓资料。即调研对象对调研的具体问题和情况，如某个组织、某个事件、某个阶段、某种情势等的了解程度。

（3）态度资料。调研对象对具体问题的看法和意见等。

（4）行为资料。调研对象相关的具体问题，已经进行或准备进行的行动等具体情况。

资料来源和调研方法，是指从哪些方面、用什么方式得到资料。资料来源中的第一手资料主要通过现场、实地调研获取。由于是原始资料，针对性强，但花费时间、精力和经费要多。第二手资料可通过上网搜索、查询、下载以及索取等方式获得。资料通常已经过他人的加工、处理，针对性不够强，但收集工作相对方便、经济。

（四）调研方法不同，所用调研手段与设备也不同

收集资料，必须准备一些工具和条件。调研方法不同，所采用的手段与设备也不同。一般来说，要有调查问卷和提纲、电脑、影音摄录器材、计算工具、实验环境以及电话、复印设备等办公用品等。

【思考练习】

1. 单选题

（1）公关调查采取的方式、方法不是固定和统一的，往往取决于（　　）和调研任务。

A. 调查对象　　B. 调查内容　　C. 调查结果　　D. 调查时间

（2）（　　）是指调查人员根据事先预定的主题和内容与调查对象进行面对面的访问和谈话以获取所需要的信息、资料的方法。

A. 问卷调查法　　B. 文献研究法　　C. 抽样调查法　　D. 访问调查法

2. 判断题

（1）文献研究法具有信息可靠、翔实、说服力强、成本低等特点。（　　）

（2）调研方案中不规定调研工作的开始和结束时间。（　　）

（3）确定调研项目就是明确向被调查者了解些什么问题。（　　）

3. 简答题

（1）确定调研项目时应注意哪些问题？

（2）简述公关调研的程序。

（3）简述问卷调查法的特点。

任务三　公关调研方案的实施

【任务目标】

1. 掌握公关调研方案的实施特点和原则
2. 了解公关调研方案的实施程序
3. 熟悉公关调研方案实施中的障碍
4. 了解公关调研方案实施中的注意事项

【任务情景】

图书馆是大学校园中非常重要的公共服务设施，在大学中发挥着重要的作用。图书馆的管理和利用直接体现着高校的资源利用情况。目前各高校图书馆的管理和利用中存在着图书馆藏书少、电子资源利用不充分、学生使用率低等问题。武汉市B大学为了提高图书馆资源利用率，缓解学校图书资源的供需矛盾，让图书馆发挥其应有的作用，要求B大学图书馆对本校学生使用图书馆的情况展开全面调研，根据调研方案，实施公关调研。

【任务分析】

1. 实操任务

模拟实施公关调研方案。

2. 实操准备

（1）本实操任务可在教室或实训室等场所进行。

（2）本实操任务可分组进行，每4～5个学生一组，指定实施负责人，模拟指派专人与新闻媒体联络。

（3）硬件准备：模拟实施公关调研所需的相关道具。

3. 实操要求

（1）学生分组模拟实施调研方案。

（2）公关调研方案实施的基本程序要严谨规范。

（3）正确处理公关调研方案实施中的障碍。

（4）调研实施完成后，小组成员互相评价并打分，并做好记录工作。

【任务实施】

模拟实施公关调研方案

工作目标	模拟实施公关调研方案	实操时间	2学时
工作内容	1. 模拟公关调研方案的实施程序 （1）设立领导组或指定负责人 （2）落实专项经费 （3）预演和展示公关活动 （4）指派专人与新闻媒体联络 （5）准备必要的设施 2. 了解公关调研方案实施中的障碍 （1）实施主体障碍 （2）沟通障碍 （3）突发事件影响		
提交文件			
工作心得			

【任务考评】

公关调研方案实施工作考评表

考评人		被考评人	
考评地点			
考评内容	实施公关调研方案		

考评标准	标准分值	得分
公关调研方案的实施程序正确	40 分	
公关调研方案实施中的障碍处理得当	20 分	
在模拟实训中态度认真负责、积极配合	20 分	
其他注意事项考虑周全	10 分	
工作心得（问题与收获）	10 分	
合　计	100 分	

【理论要点】

一、公关调研方案的实施特点和原则

（一）公关调研方案的实施特点

所谓公关调研方案的实施就是把策划方案付诸现实的过程。公关调研方案的实施过程呈现以下几个特点：

1. 实施效应的联动性

一项公共关系计划涉及众多的因素和变量，它会对各类公众产生广泛的影响。然而，只有在计划实施后这种影响才能真正地体现出来。

2. 实施过程的动态性

公共关系计划的实施是由一系列联系活动构成的过程，是一个思想和行为需要不断变化、不断调整的过程。

3. 实施活动的创造性

由于计划的实施是一个不断变化和需要调整的动态过程，实施者需要依据整个实施方案中的原则和自己所处的环境、面临的条件确定自己的实施策略，比如正确地选择传播渠道、媒介与方法，合理地选择时机，正确地分配任务，灵活地调整步骤等。

（二）实施公关调研方案应遵循的原则

1. 目标导向原则

在计划实施过程中，要保证不偏离既定的公共关系目标。

2. 控制进度原则

根据整个公共关系计划和目标的需要，按照一定的程序，掌握工作的进展速度。由于公关人员的分工不同，能力差异，环境影响，在公共关系计划实施时，会出现进度快慢不一致的情况，有时会造成工作的脱节。控制进度，就是要使工作同步协调，防止超前或者滞后的情况发生。

3. 整体协调原则

在计划实施过程中，要使工作的各个方面达到和谐、互补、配合、协调的状态。相互间不产生矛盾，一旦出现矛盾，就要及时协调。

4. 反馈调整原则

由于计划实施的环境和目标公众是复杂多变的，在实施过程中，必须不断地把公共关系计划实施的结果与计划目标相对照，发现偏差时，要及时对计划、行动和目标做出相应的调整。

二、公关调研方案实施的程序

（一）公关调研方案实施前的准备工作

（1）对相关人员进行培训。

（2）购置、租赁设备、设施。

（3）布置活动现场。

（4）协调各方关系。

（二）公关调研方案实施的步骤

1. 设立领导组或指定负责人

由于公共关系工作具有负责性、多样性和重要性等特点，因此对于公关活动计划的实施，首先应该实行集中领导，统一指挥，形成单一清晰的指挥链。

2. 落实专项经费

在活动实施前，必须先将经费问题落实。在进行实施工作时，对组织的财务状况要有清醒的认识，并有畅通的调动资金的渠道。

3. 公关活动的预演和展示

公关活动策划方案一般都有具体的活动内容，如喜庆型公关活动的节目、公益型公关活动的仪式等，因而，在公关活动实施前，需要进行预演。

4. 指派专人与新闻媒体联络

在公关活动实施过程中，对新闻媒体要予以格外关注。新闻媒体是组织重要的目标公众，在实施过程中，媒体的对外宣传发挥着重要功能，指派专人去联络他们，可以创造更好的条件让他们对组织的公关活动进行全面报道，从而使公关活动取得更好的效果。

5. 准备必要的设施

在进行较大型和重要的公关活动时，设施的安排和配备是必不可少的，如会场布置、会议资料、礼物等。

三、公关调研方案实施中的障碍

（一）实施主体障碍

实施主体障碍主要来自组织自身的影响因素，产生这种障碍的主要原因是组织内部的抵触情绪。

（二）沟通障碍

沟通是一个包括纵向沟通与横向沟通在内的综合的、多次的过程。在现代社会，每个人不断地受到大量各种各样的信息的影响，但同时，人们也以书面的、口头的、动作的形式，向外传递自己的知识、经验、观点等信息，向外界施加影响。这种相互影响交织在一起形成信息流，一方面促进了沟通，另一方面对沟通又形成干扰，使沟通出现障碍。

（三）突发事件影响

对公关调研方案的实施干扰最大的莫过于重大的突发事件。突发事件包括两大类：一是不可抗力的自然灾害，如地震、火灾等；二是人为的纠纷事件，如公众投诉、新闻媒体的批评报道、竞争对手的陷害等。

四、公关调研方案实施中的注意事项

公关调研方案的实施过程是公关活动“四步工作法”中最复杂、最为多变的一个关键环节。一个方案能否顺利地实施，对公共关系活动具有举足轻重的作用。影响方案实施的因素是多方面的，要想使一项公关方案在实施时取得预期的效果，应当注意以下几个方面：

（一）有效排除沟通中的障碍

公共关系活动的实施过程实际上是向公众传播信息，与其进行双向沟通的过程。但实施过程往往并不像想象中那么顺利，沟通工具运用不当、传播方式不妥或传播渠道不畅等原因往往使实施效果大打折扣。在沟通过程中，有不少障碍因素如语言障碍、习俗障碍、观念障碍、心理障碍等都会影响组织与公众之间的沟通。公关人员必须考虑到目标公众的语言习惯、习俗、观念以及心理，从而真诚而巧妙地与其沟通，进而实现公共关系的沟通目标。

（二）及时妥善地处理突发事件

突发事件往往是不可预料的，而且一旦发生，影响范围大，后果严重，易给组织带来恐慌和混乱。一个组织如果不能及时妥善地处理好突发事件，那么公关调研方案将毁于一旦，甚至影响到组织的生死存亡。

（三）科学控制目标导向和活动进度

在公共关系调研方案的实施过程中，应经常检查各方面工作的进度，及时发现超前和滞后的情况，搞好协调，随时注意反馈信息，使各方工作同步进行和平衡发展，有效推进公共关系活动的进程。

【思考练习】

1. 单选题

（1）由于调研计划的实施是一个不断变化和需要调整的动态过程，实施者需要依据（　　）中的原则和自己所处的环境、面临的条件确定自己的实施策略。

A. 调研内容　　B. 调研过程　　C. 调研方法　　D. 实施方案

（2）公关调研方案实施前的准备工作不包括（　　）。

A. 确定调研方法　　B. 租赁设备

C. 布置活动现场　　D. 协调各方关系

2. 判断题

（1）公共关系活动的实施过程是单向沟通的过程。（　　）

（2）正确选择实施时机是提高公关方案成功率的必要条件。（　　）

（3）实施主体障碍主要来自组织外部的影响因素。（　　）

3. 简答题

（1）简述公关调研方案的实施程序。

（2）公关调研方案实施中有哪些障碍？

（3）简述公关调研方案实施中的注意事项。

任务四　公关调研报告的编写

【任务目标】

1. 了解整理分析调查资料的步骤

2. 熟悉公关调研报告的结构与内容

3. 学会撰写公关调研报告

【任务情景】

公关工作是在现代社会空前复杂、信息技术高度发达的条件下产生的新型工作，作为协调社会组织与其相关个体、群体、组织的关系的科学与艺术，作为社会组织经营管理的一项重要职能，公关工作受到社会各界的广泛重视，也起到相当重要的作用。对国内知名的M化妆品公司而言，进行公关调查工作显得颇有意义，这不仅可以了解其市场形象，还可以对公司的对外宣传起到参考与辅助作用，因此M化妆品公司公关部经过调研后认真撰写了公关调研报告，为公司今后的发展目标和策略的调整提供了非常重要的参考资料。

【任务分析】

1. 实操任务

撰写公关调研报告。

2. 实操准备

（1）本实操任务可在教室或实训室等场所进行。

（2）硬件准备：计算机、打印机、A4打印纸等。

3. 实操要求

（1）根据调研资料和数据，完成调研报告，要求不少于2 000字。

（2）公关调研报告要符合写作要求，结构正确，格式规范。

（3）将文字录入计算机，并按照规定的排版格式进行排版。

（4）调研报告完成后，小组成员互相评价并打分，并做好记录工作。

【任务实施】

撰写公关调研报告

工作目标	熟悉公关调研报告的结构与内容	实操时间	1学时
工作内容	1. 标题 2. 导言 3. 主体 4. 结尾 5. 附录		

续表

提交文件	公关调研报告
工作心得	

【任务考评】

公关调研报告编写工作考评表

考评人		被考评人	
考评地点			
考评内容	公关调研报告的编写		
考评标准		标准分值	得分
调研报告格式规范、内容全面		40 分	
调研报告语言通顺、条理清晰		30 分	
实训过程中态度认真		20 分	
工作心得（问题与收获）		10 分	
合　计		100 分	

【理论要点】

一、整理分析调查资料的步骤

整理分析调查资料是一项重要工作，正确严格地对调查资料进行审核、归类、汇总，并对调查结果所提供的信息和数据进行客观、恰当的分析，最终得出比较准确的结论，是使整个调查过程获得成功的关键，是撰写一份高质量的公关调查报告的基础。整理分析调查资料可以分为如下步骤：

（一）审核调查资料

审核调查资料是资料整理加工的前期工作。在完成资料收集工作以后，首先需要认真地对资料进行审核，以确保调查资料的完整性和准确性。审核调查资料，就是指对原始资料进行仔细探究和详尽考察，以看其是否真实可靠和符合要求。其目的主要是消除原始资料中的不真实、不可靠、不合理等现象，以保证资料的有效、完整、合格，从而为进一步整理分析打下基础。如某问卷在出生年一栏填写“1986 年”（填答问卷时间是 2019 年），年龄栏又填写“30 岁”，前后数据显然是不符合逻辑的。为此，需要查明是属于调查人员的误填，还是被调查者的错报现象，并予以及时校正。另外，要根据已有的经验和常识进行判断，一旦发现与经验、常识相违的地方，就要再次根据事实进行核实。例如，某份调查问卷中的年龄一栏内填写的是“25 岁”，而婚龄栏内填写的是“15 年”，这显然是不符合常识的。以上只是列举了比较简单的例子，可以凭借经验和常识来判断，如果遇到比较复杂的问题，主观难以做出正确判断时，则要借助专业的权威性的资料来帮助判断。

（二）整理调查资料

整理调查资料是进行分析前的基础工作，整理的目的是使资料变得系统化、条理化。整理资料的关键工作在于分类和汇总。分类与汇总是紧密相连的整理过程，将存在差异的资料按不同的标准进行划分，其本身也是将资料汇总的过程。分类的标准多种多样，要根据对象的性质和实际情况来酌定，如调查某地企业生产经营的好坏，就不应只以产值的增长速度为依据，还应以企业的经济效益、社会效益和生态效益为标准。分类的标准可分为性质标准和数量标准两大类。例如：按人的性别、民族、职业、文化程度、地域、企业的所有制形式等划分资料，均属于按性质标准分类；按年龄的大小、产值产量的大小等划分均是反映了数量上的差异。这里只是简单介绍了常见常用的分类标准，分类资料比较复杂，我们要具体情况具体分析。

（三）分析调查资料

分析调查资料是撰写调查报告前的最后一步工作，虽然有了资料的分类汇总作基础，我们仍需要开动脑筋，在材料中提炼出观点，善于发现问题，并能概括出特点。

二、公关调研报告的结构和内容

调研报告是在分析调查资料的基础上撰写而成的体现调查活动成果的书面报告。调研报告的撰写作为整个调查活动的最后环节，要使调查的全部内容和结果通过调查报告集中反映出来，其撰写的好坏将直接影响到整个调查研究工作的成果质量和作用。只有熟悉了调研报告写作的内容与结构，才能在准确判断的基础上撰写出优秀的调研报告，为组织的发展决策提供依据和参考。

尽管调研报告根据其目的、用途、对象、内容、范围等不同标准来划分具有不同的类型，但作为较规范的调查报告，它大体包括以下四个方面的内容：

第一，介绍调研活动的目的或意图；

第二，叙述和说明调研活动的具体情况，侧重于调研活动的过程（包括调查方法、范围、对象等）；

第三，提出有关的政策性建议并对问题进行分析研究；

第四，做出综合归纳，全面总结，以供有关决策机构参考。

从一般情况来看，调研报告在结构上可分成标题、导言、主体、结尾和附录五个部分，其中导言、主体、结尾三部分组成调查报告的正文。

(一) 标题

调研报告的标题可以用来反映报告的内容和所调查的问题，有的标题还可以吸引读者的注意，大致可分为以下两种类型：

1. 单标题

单标题分陈述式和提问式两种类型。陈述式标题即直接陈述调查对象或调查问题的标题，如“×市保险市场调查”；提问式标题即通过提问的语言来引起读者注意，启发人们思考，并提出疑问或发表议论从而引出主题的标题，如“中国品牌为什么走不远”。

2. 双标题

双标题由正标题和副标题所组成。正标题是标题的核心部分，它说明主要事实或态度，可采取提问式或结论式；副标题一般描述调查对象和内容，多用陈述式表达，其主要作用在于解释和补充说明正题，如“需求就是上帝——对×市 10 家超市的调查”。

标题的写法可以灵活多样，但应当注意，标题要与报告的内容相符，不能为了引起读者的注意而使用超出报告内容的标题。

(二) 导言

导言是调研报告的重要组成部分，以精练的语句揭示调研报告的主旨，又称导语或前言。导言能点出调查报告的主题和思路，因此它起着提纲挈领的作用。通常，导言的写法具体有以下几种：

1. 介绍调查情况

即在导言中交代调查的时间、地点、方法、范围和对象等，使读者了解调查工作的有关背景和情况。

2. 说明调查的目的和意义

此类导言多围绕“为什么”“怎么样”以及有何现实意义和理论价值来撰写。这种写法有利于读者把握调研报告的主旨和基本精神。

3. 写明调查研究的结论

即在导言中直接将调查研究的结论写明，然后再在调查报告的主体部分中一一论证加以说明。这种写法体现了导言的特点，即尽可能把重要的内容放在第一部分，细节放在以后再说。同时，它不是对全部事实加以概括，而是找出富于吸引力的一点着手。

4. 提出调查研究的问题

即在导言的开头提出问题，设下悬念，然后再在主体部分展开详细说明。这种方法可以吸引读者的注意，也能使读者带着问题去阅读、思考、判断。

(三) 主体

调查报告的主体也叫正文，是对调查事实的具体分析和对调查结论或观点的归纳总结。在调查报告的主体里，我们可得到更为系统明确的信息，并能看到问题的剖析和解决的对策。

调查报告的主体部分所占的篇幅最大，内容也最多，因此在结构上必须精心设计安排。根据组织材料表达主题的不同方式，调查报告主体部分的结构可分为三种类型，即横式结构、纵式结构和综合式结构。

1. 横式结构

这是根据调查现象本身所具有的各种不同性质、不同特征或包含的不同方面，分成几个部分，并列排放，分别逐一描述、分析和比较的结构。这种结构又称并列式结构，各部分是相对独立的，但又有机地联系在一起，便于全面、完整地从多个方面、多个角度表达主题。横式结构应注意两点：第一，并列的几个侧面，必须围绕主题展开，不能有偏离主题的部分；第二，各部分虽然相对独立，但必须分清轻重、主次。

2. 纵式结构

这是根据事物发展的脉络和人们认识发展的逻辑次序来安排的结构。有时可根据调查现象本身所具有的时间顺序，有时可根据某一现象或问题的来龙去脉，以利于读者了解问题的起因、现状、发展和变化状况。纵式结构又称递进式结构。这种结构的优点在于内容集中，提出问题、分析问题到最后解决问题，层层深入，逐步推进，清晰明了，具有很强的逻辑性，也有利于读者了解事物发展的全过程。

3. 综合式结构

这是横式结构与纵式结构结合使用的方式。由于两种结构在报告中同时并用，属于较为复杂的结构形式。这种结构有两种情况：第一种情况，以纵式结构为主，辅以横式结构，纵中有横；第二种情况，以横式结构为主，辅以纵式结构，横中有纵。大型的综合性调研报告主体部分常采用这种纵横交错式的结构形式，尤其是在一些关系到事物发展过程的调查报告中，往往先按照事物发展的时间顺序分为几个阶段，在每个阶段中又分为几个方面来论述。这就是以纵式为主、横式为辅、纵中有横的结构形式。其优点是兼具上述两者特点，能层次清晰地将复杂的事物发展叙述表现出来，分点分面地议论、分析、总结，从而增加了调查报告的深度和广度。其形象化、立体化会增添调研报告的魅力。

（四）结尾

结尾又称结语，是正文的总结。常见的结尾方式主要有以下几种：

1. 归纳性结尾

归纳性结尾即根据调查研究的实际情况，与导语遥相呼应，总结经验，形成调查的结论。

2. 高潮性结尾

高潮性结尾即通过概括全文的主要观点，进一步深化主题，增强调查报告的说服力。

3. 建议性结尾

建议性结尾即根据调查研究的实际情况，提出当前存在的问题，提出改进工作的具体建议，使其立体化、圆满化。

4. 论辩性结尾

论辩性结尾即以调查研究的具体情况为线索进一步扩展延伸，由此及彼，生发议论，在原来较简单的主题之上引出思考的另一方向，使之逻辑性、思辨性更强。

（五）附录

附录是调查报告的附加部分，它是将一些可以帮助读者更好地了解研究细节的资料编排在一起，作为正文的补充。它也包括一些在正文中不便出现，又必须附带说明的情况、问题，如收集数据资料所使用的调查表、问卷、心理测量表，计算某些指标或数据的数学公式介绍，某些统计和测量指标的计算方法介绍，等等。

【思考练习】

1. 单选题

（1）调查报告的（　　）可以用来反映报告的内容和所调查的问题。

A. 附录　　B. 标题　　C. 导言　　D. 主体

（2）（　　）是对调查事实的具体分析和对调查结论或观点的归纳总结。

A. 正文　　B. 标题　　C. 附录　　D. 结尾

2. 判断题

（1）分析调查资料是撰写调查报告前的最后一步工作。（　　）

（2）提问式标题即直接陈述调查的对象或调查的问题。（　　）

（3）调研报告在结构上可分成标题、导言、主体、结尾和附录五个部分。（　　）

3. 简答题

（1）如何对调查资料进行整理？

（2）简述调查报告主体部分的横式结构。

（3）调查报告的结尾方式有哪几种？

项目四 公关活动管理

任务一　公关活动的策划

【任务目标】

1. 了解公关活动策划的含义和基本特征
2. 理解公关活动策划的基本原则和意义
3. 掌握公关活动策划案编制的程序

【任务情景】

国内某影视传媒集团投资上亿元推出了一部国产大片，传媒集团总裁让公关部为这部即将上映的国产大片策划一场大型公关活动。要求使用整合传播，使电影富有文化创意，并让网络成为主要的传播阵地，在上映前要引起全国媒体的热议。在公关活动策划中要把娱乐、互动、新闻、数字化、全方位新媒体等玩转开来，可采用院线宣传、路牌广告、网站、论坛、博客、微博等方式宣传这部大片，使其成为堪称经典的公关活动策划。

【任务分析】

1. 实操任务

编写公关活动策划案。

2. 实操准备

(1) 本实操任务可在教室或实训室等场所进行。

（2）硬件准备：计算机、打印机、A4 打印纸等。

3. 实操要求

（1）学生分组讨论、编制公关活动策划案。

（2）公关活动策划方案要符合编写要求，格式规范。

（3）将文字录入计算机，并按照规定的排版格式进行排版。

（4）任务完成后，学生之间互相评价、打分，并做好记录工作。

【任务实施】

编写公关活动策划案

工作目标	学会编写公关活动策划案	实操时间	1 学时
工作内容	1. 了解公关活动策划的基本原则 2. 掌握公关活动策划案的编制程序 3. 编写公关活动策划案		
提交文件	公关活动策划案		
工作心得			

【任务考评】

公关活动策划工作考评表

<table>
<tr><td>考评人</td><td></td><td>被考评人</td><td colspan="3"></td></tr>
<tr><td>考评地点</td><td></td><td></td><td colspan="3"></td></tr>
<tr><td>考评内容</td><td>公关活动策划</td><td></td><td colspan="3"></td></tr>
<tr><td colspan="4">考评标准</td><td>标准分值</td><td>得分</td></tr>
<tr><td colspan="4">公关活动策划案内容全面、创意新颖</td><td>40 分</td><td></td></tr>
<tr><td colspan="4">公关活动策划案的编写符合主题要求</td><td>30 分</td><td></td></tr>
<tr><td colspan="4">实训过程中态度认真、积极配合</td><td>10 分</td><td></td></tr>
<tr><td colspan="4">其他注意事项考虑周全</td><td>10 分</td><td></td></tr>
<tr><td colspan="4">工作心得（问题与收获）</td><td>10 分</td><td></td></tr>
<tr><td colspan="4">合 计</td><td>100 分</td><td></td></tr>
</table>

【理论要点】

一、公关活动策划的含义

公关活动策划具有战略性、策略性和创造性，是一门科学，也是一门艺术。目前在我国学术界，对于公关活动策划的概念运用得比较普遍，但对其含义的理解却各不相同，概括起来，主要有三种不同的理解。

（一）“程序”说

“程序”说是一种广义的理解，即把公关活动策划理解为公关活动“四步工作法”中的第二步。“四步工作法”包括公关调查、谋划对策、实施方案和效果评估四步。公关活动策划就包括了其第二步的全部内容，包括公关目标、计划、策略等方方面面，也就是在公共关系调查分析的基础上，做好公关活动实施前的一切准备工作，公关活动策划过程的完成也就是实施前的一切准备工作的完成。

（二）“谋略”说

“谋略”说即把公关活动策划仅仅理解为谋略或策略，理解为一种简单的设计。按照这种观点，公关活动策划就不应把具体的实施计划包括在内。

（三）“计划”说

“计划”说即把公关活动策划理解为计划，理解为依据一定的目标建立起来并可用来进行具体操作的方案步骤。

《中国公共关系大辞典》把策划定义为“人们为了达成某种特定的目标，借助一定的科学方法和艺术，为决策、计划而构思、设计、制作策划方案的过程”。换言之，策划是决策前的准备工作，它为决策进行创意和设计，为决策提供依据，进行运筹。

我们接受第一种观点，因而可以把“公关活动策划”定义为：以分析预测为基础，根据组织形象的现状和目标要求，确定公共关系活动的战略与策略，并制订出最佳计划方案的过程。

这个定义包括以下五层含义：

第一，公关活动策划工作是公关人员的工作，是由公关人员来完成的。

第二，公关活动策划是为组织目标服务的。

第三，公关活动策划是建立在公共关系调查基础上的，既非凭空产生，也不能囊括所有的公共关系活动。

第四，公关活动策划可以分成两个层次：一是公共关系战略策划；二是专题公共关系活动策划。

第五，公关活动策划包括谋略、计划和设计三方面的工作。

二、公关活动策划的基本特征

从公关活动策划的含义的角度分析，公关活动策划一般有如下特征：

（一）目的性

公关工作的总体目标是要树立社会组织的良好形象，但社会组织在不同的发展时期公关工作的具体目标是不同的，社会组织如何选择公关活动，从而实现目标，这是每项公关活动策划必须解决的问题。公关活动策划应首先确定目标，然后考虑重点解决的问题及先后次序，因此，公关活动策划具有很强的目的性。目标越明确、越清晰，公关工作就越容易开展，其目标就越容易实现。

（二）思想性

公关活动策划过程是一种思维过程，是策划者对所获社会环境、企业组织的条件和策划目的等信息进行分析、综合、抽象概括从而形成概念、判断、推理的过程。《史记》中曾有一句名言广为流传："运筹帷幄之中，决胜千里之外"。这里的运筹，实际上是一种思想的活动。这种思想活动尽管在帷幄之中形成，却可以指挥千军万马取得胜利，充分体现出其高度的思想价值。这就是现代组织愿意聘请公共关系专家经过创造性思维、系统性思考而为它们策划出公共关系方案的原因所在。

（三）创造性

创造性是公关活动策划的灵魂。公关人员凭借创造性素质，运用知识、智慧，遵循公共关系的基本原则，通过辩证的思维过程，开拓新的境地，并使之产生别具一格、标新立异的结果。例如：民国初年，四川成都有一家新开张的茶馆，兼营酒菜饭食，虽然酒菜质量和服务均属上乘，但因知之者甚少，生意十分冷清。为了改变这种局面，老板特意请当地一位十分有名的秀才写了一副对联："为名忙，为利忙，忙里偷闲，且饮一杯茶去！劳心苦，劳力苦，苦中作乐，再添二两酒来。"他将对联挂在店门两侧。这副对联以超脱、调侃的口吻讽喻人生，又点明了茶馆的经营内容，吸引了很多当地人前来观看，人们在品味琢磨之后，不由地踱进店来品茶饮酒，由此茶馆的生意日益红火，这家茶馆也成为当地人最喜欢光顾的场所。

公关活动策划贵在创新，创造性思维要自始至终贯穿于公关活动策划的方方面面。因此，公关人员在了解、学习取得较好效果的公关策划方案和思路时，切忌单纯效仿，要在借鉴的基础上有所创新，自己策划的公关方案一定要有自己独特的东西，否则效果往往不佳。

（四）针对性

公关活动策划主要解决社会组织的重要决策所涉及的公共关系问题，不是一个统一的和一成不变的模式。社会组织处在发展运行的过程中，所面对的问题、所要解决的问题层出不穷，而且又千差万别，因此，每一次公关活动策划，都要针对当次公共关系问题来运筹和进行。它是根据组织所处的外部环境、自身条件和公共关系状态、策划者本身的创造性思维方式等来设计公关活动方案，并运用各种公共关系手段，有效开展公共关系活动，以期实现公共关系目标。

三、公关活动策划的基本原则

（一）公众利益优先

从组织内部看，任何公关活动策划都是为谋求组织发展而展开的，都必须考虑到组织的利益，使公共关系活动与组织的整体运行计划紧密结合，以取得良好的经济效益。但任何组织的生存与发展，都离不开公众的支持，如果公关活动策划只追求经济效益，只顾自身利益而不顾公众利益、社会效益，就失去了组织与公众沟通并获得社会认可和支持的基础，最终将会为社会所不容。所以成功的策划应以组织利益和社会利益的统一为宗旨。尤其应该把公众利益放到优先地位，只有如此，才能得到公众的信任，才能赢得公众，才能最终实现组织的目标，获得组织利益。

（二）尊重客观事实

公关活动策划必须坚持以客观事实为依据，做到客观、真实、全面、公正。所谓客观，就是反映事物的本来面貌，不以推断和想象代替事实，更不能有意识地“造假”；所谓真实，就是直面事实，一是一，二是二，丁是丁，卯是卯，既不夸大，也不缩小；所谓全面，就是充分掌握事物的全貌，反映、传播需要公开的事实的全部材料，决不以点带面，以偏概全，更不能有意地掩盖事实真相；所谓公正，就是以公正的态度对待事实，站在公众能够接受的立场上处理问题，不护短，不推诿，不文过饰非。尊重客观事实原则，要求我们必须经过周密细致的公关调查，制定切实可行的公关目标，排除来自各种虚假因素的干扰，坚持公关活动策划的真实性，在充分掌握客观事实的基础上，策划出公众可接受的方案。

（三）创造性与务实性相统一

一次成功的公关活动策划必须是一次创造性劳动，是对公共关系理论创造性地加以应用，以公共关系策划的新颖、独特的内容吸引公众。公关活动策划要根据组织环境和社会公众各个方面的发展变化状况，以及组织内部的条件，提出富有独创性的公关方案，这样才能使公关活动标新立异，收到更好效果。但在实践中，有些具有新意的策划方案，因受多种因素的制约，并不一定能实施。在进行公关活动策划时，组织的需要和实现的可能二者必须统一，对公共关系策划者来说，既要考虑社会组织所要达到的公共关系目的，也要考虑外部环境和内部条件，使得公关活动策划方案的目标是可实现的，程序是可行的，范围是力所能及的，手段和方法是可利用的，为公关活动的有效开展奠定基础。

(四) 计划性与灵活性相统一

经过策划所形成的行动方案，涉及组织各方面工作的协调，涉及人、财、物的配备，具有较强的计划性，所以行动方案一旦确定，应尽量保持其稳定性，保证整个行动方案的贯彻实施。但是，公关活动策划所制定的方案不是僵死的和一成不变的，它应具有一定的弹性和灵活性。组织的主观条件和外部环境随时都在发生变化，因此，公关活动策划方案应具有充分的回旋余地、灵活的补救措施，尤其是当环境的变化对目标的影响很明显时，应及时适当地调整公共关系活动，或者适度调整公共关系目标。只有把计划性和灵活性有机地统一起来，才能保证公关工作达到更好的效果。

(五) 与组织整体计划相一致

公关活动策划是在组织总体发展目标的约束下进行的。在进行公关活动策划时，必须把这种策划所达到的目标看作组织整体目标的一个部分或一个方面，与组织的整体目标统一起来。无论是专业性的公关公司，还是组织内部的公关部，在策划公关活动时，都要认真研究现阶段、现时期组织的目标是什么。必须根据组织的特定目标来设定策划方案的目标，否则，与组织的发展目标相悖，再好的行动方案，也只能是一种不切实际的空想。

四、公关活动策划的意义

美国策划大师科维曾形象地说："如果把公关活动比作演戏，策划就是创作剧本，一个出色的剧本很容易在演出时获得成功，吸引公众；相反，一个平庸的剧本，无论导演和演员如何尽力，也很难化腐朽为神奇。"

公关活动策划的现实意义和具体作用，可以从以下几个方面来把握。

(一) 公关活动策划是公关活动中的最高层次

公关活动策划是在组织的交际应酬、接待联络以及组织的信息传递、公共关系促销和公关广告等基础之上发展起来的公共关系高层次的活动。基础的公关活动是由公关业务工作人员和管理工作人员负责实施的，公关活动策划工作必须由公共关系专家或组织中的最高决策人来具体筹划、安排并组织实施，它需要凭借公共关系专家与决策者的创造性的思维，提出全面性的构想，进入决策的范畴。

(二) 公关活动策划是公共关系价值的集中体现

现代公共关系运作是一项系统工程，无论是日常公关活动还是专项公关活动，都需要进行公关活动策划。组织在日常公关工作中，如果能进行很好的谋划和操作，就可以保证各项工作按部就班、有条不紊；组织重大公关活动项目的出台，如果能策划得精彩，就能收到良好的效果。如果组织没有公关活动策划，即使公共关系运作得很好，公众也会感觉这个组织很普通，无振奋人心之处，就像一组交响乐中缺少高潮、一支歌曲中缺少主旋律一样。这些都体现了公共关系的策划价值，它可以使一个组织增加知名度，提高美誉度。国际上一些著名的公关公司，常常在企业的危难之中救助企业，如美国的博雅公司、希尔诺顿公司之所以著名，就在于它们能够在关键时刻为其客户拿出很有影响的公关活动策划方案。

（三）公关活动策划是公共关系竞争的法宝

公关活动策划在组织中居于非常重要的地位，是关系到社会组织公共关系全局性的工作。现代企业的竞争，已经从产品竞争阶段转入企业竞争阶段。这时竞争从表面上看是一种软性的友好竞争，但是其内涵更深刻，手段更高明，是一种头脑的竞争、智慧的竞争。其表现形式则为信誉的竞争、形象的竞争，哪个企业公关活动策划工作搞得好，哪个企业就会赢得公众的信任，并形成一种美好的形象。宝洁与海尔的成功，在很大程度上是公关活动策划的成功体现。

（四）公关活动策划可以增强公关工作的有效性

公关工作要取得良好的效果，必须遵循公关工作的规律，提高公关工作的科学性。通过精心的策划、科学的设计来确定公关活动的计划和方案，这样才能确保其目标、对象的准确性，活动内容、方式的可行性，有助于合理安排活动的进程和经费，加强公关活动中各个环节的衔接，以避免单凭经验和主观随意性而造成的失误和损失，防止混乱和不必要的浪费。另外，通过精心策划，把公共关系与广告、市场营销、管理等手段有机结合，有利于实实在在地为组织解决在某个时期、某个领域存在的问题，塑造良好的社会形象，帮助组织实现在该时期既定的目标和任务。

总之，公关工作要取得实效，离不开公关活动的精心策划，公关活动策划是保证公关工作有效性的重要环节。

（五）公关活动策划可以保证公关工作的计划性

对组织而言，公关工作贯穿于经营管理的全过程。社会组织在不同时期的公关工作必须有一个完整的计划方案，对公关活动的时间、地点以及人、财、物等条件有一个全面考虑，对公关活动实施细节提出一些具体的安排意见。公关工作自始至终都应该是一种有计划的活动，而这些都需要在公关活动策划中完成。只有通过公关活动策划，才能选择和确定公关活动的目标和对象，选择公关活动的具体方式和最有效的传播手段，把握最佳的传播时机，合理分配和使用经费，使公关工作按计划实施，步步到位，井然有序，保证工作有计划有步骤地完成。

（六）公关活动策划可以保证公关工作的连续性

公关工作的根本任务是塑造良好形象，改善公众关系，创造和谐环境。社会组织要完成这些任务，赢得公众信任，树立良好形象，不是依靠一两次公关活动就能实现的，它需要长期持久的努力。而要坚持不懈地开展公关工作，并取得满意的效果，则离不开公关活动策划。公关活动策划本身既是对以前公关工作的总结和评估，又是下次公关活动科学规划的开始。公关活动策划能够使公关工作注重社会组织的总体目标和长远利益，也能够根据社会组织以往工作的成败得失以及公关目标，设计出形式上新颖独特、内容和主题又能与以前活动保持有机联系的公关活动方案。因此，公关活动策划发挥承前启后、承上启下的作用，这种策划的连续性实际上也保证了公关工作的连续性。

五、公关活动策划案编制的程序

公关活动策划案的编制有一定的程序，包括六个步骤：确定目标、确立主题、分析公众、选择媒介、制定预算和审定方案。

（一）确定目标

没有目标，公关方案就无从谈起。策划目标是开展各类公关活动所要追求和渴望达到的一种目的和状态，也就是组织通过公关活动，准备“做什么”和“要取得什么成果”。对于公关活动来说，确定公关目标具有十分重要的意义。公关活动策划所确定的目标根据不同的标准可以分为不同的类型。

（1）根据时间的长短，可分为长期目标、短期目标和项目目标。

（2）根据任务的不同，可分为传播信息目标、联络感情目标、改变态度与行为目标。

公关活动策划要实现的是一个个具体目标。一个个具体目标的实现意味着公关活动分目标的实现；众多分目标的实现，就能使组织的总目标得以实现。

（二）确立主题

公关主题是公关目标的具体化，是公关活动内容的高度概括。它可以是一句口号，也可以是一个陈述。如中国在申办 2008 年奥运会时，几经推敲，最后把申奥的主题确定为“新北京，新奥运”，收到明显的效果。再如上海第一百货商店在 40 周年店庆时，提出了“不惑之年，赤诚之心”的主题口号，并通过各种媒介广泛传播，不仅增强了职工的归属感和荣誉感，也使社会公众重新认识了“上海一百”。

公关主题的设计，应力求做到：（1）能充分表现目标，一语中的；（2）新颖独特，有个性；（3）符合公众的心理，可亲可信；（4）简洁、易读、易记。

（三）分析公众

公众是组织公关活动的对象，但组织在不同时期、不同情况下所面对的公众是不同的，因而有必要分析公众。

1. 细分公众

细分公众是根据某一特点将公众分成若干群体的过程，是确定目标公众的前提。

2. 确定目标公众

（1）鉴别公众的权利要求。

不同的公众对组织有不同的权利要求。组织要有效地开展公关活动，鉴别公众的权利要求就非常必要。

（2）概括公众的权利要求。

在了解各类公众的权利要求之后，应找出各类公众权利要求的异同，以为设计组织总体形象、制定长期目标作根据。

（四）选择媒介

公关活动是一种信息传播活动。传播媒介多种多样，各有千秋。因此，公关人员必须根据公关活动策划案的目标和要求选择适合的媒体为自己服务。

（五）制定预算

为了少花钱多办事，在有限的投入内获取最大的社会效益和经济效益，需要进行科学的公关活动预算。公关活动预算的构成包括人员、经费和时间等方面的具体内容。

一个全面的公关活动预算应包括以下内容：

1. 人员预算

所谓人员预算，就是对实现既定公关目标所需的人力资源投入、人才结构设置进行预算。

2. 经费预算

（1）工资费用。包括公共关系部门人员以及所有参与人员的工资、补贴和奖金。

（2）行政办公费用。包括办公用品费、电话费、房租费、水电费、公关报刊费、保险费等。

（3）宣传广告费用。包括广告设施及发布费（车站广告、路牌广告等）、现场包装费（彩旗、气球、条幅、花架、花篮、花盆等）、促销活动费（场租、劳务费、活动场所布置费等）、宣传资料和礼品费，以及销售模型制作费等。

（4）设备材料费。包括制作各种宣传品、纪念品、摄影设备、工艺美术器材、音响器材等的费用。

（5）实际活动经费。包括调查研究，举办各种会议、各种专题活动，接待参观访问，召开新闻发布会，为公众提供各种教育、培训和服务所需的费用。

（6）赞助费。包括赞助社会文化、教育、体育事业和各种福利事业或慈善事业等方面的费用。

3. 时间预算

时间预算就是对实现公关活动具体目标所需的时间进行预算，也就是为具体目标的实现制定一个时间进程表，规定出各个时期的具体工作内容，以便公关人员按部就班地进行工作。

编制预算的方法主要有两种：

一是按销售收入抽成法。即将企业的总销售收入抽取一定比例作为公共关系预算，经费一旦划定，一般不再增补或删减。这一办法的突出优点是计算方便、简单易行，但经费总额难以确定，且缺乏弹性，不能随环境变化而调整。

二是目标先导法。即先确定公关工作期望达到的目标，然后逐项列出细目，计算出所需的经费，再核定各单项活动和全年活动的预算。这种方法具有主动性，可以根据活动自身需要安排预算，它又有进攻性，能使那些积极进取的计划得到保障。但是，使用这种方法时，事先要审慎计划和预测，尽量避免超支、短缺等现象的出现。

（六）审定方案

经过上述五个步骤，在组织内部可能会形成多个方案。但哪个更好，这就存在一个方案优化的问题。

方案优化须对各个方案进行可行性论证。论证时须考虑以下几点：

（1）目标。目标是否明确，实现程度如何。

（2）限制性因素。公关活动都要在一定条件下进行，即任何一项公关活动都要受资金、时间、人力、传播媒介等条件的限制。在什么条件下目标可以完全实现，在什么条件下目标可能实现，对此都要做出充分论证。

（3）潜在问题。预测公关活动计划实施过程中可能发生的问题，分析对其进行预防、补救的可能性，在方案论证中很有必要。

（4）结果。对方案实施的结果进行预测，由此决定方案是否有必要实施。

【思考练习】

1. 单选题

（1）公关活动策划要做到（　　）。

A. 尊重客观事实　　B. 夸大事实

C. 以点带面　　D. 有意造假

（2）公关活动策划贵在（　　）。

A. 坚持　　B. 创新　　C. 复制　　D. 大众化

（3）公关活动要把（　　）放在第一位。

A. 社会利益　　B. 组织利益　　C. 个体利益　　D. 公众利益

2. 判断题

（1）成功的策划并不是一次创造性的劳动。（　　）

（2）公共关系策划是公关活动中的最高层次。（　　）

（3）公共关系策划是公关价值的集中体现。（　　）

3. 简答题

（1）公关活动策划的概念是什么？

（2）公关策划案编制过程中的步骤有哪些？

（3）策划案经费预算包括哪几方面？

任务二　公关活动的实施

【任务目标】

1. 了解公关活动实施的基本要求
2. 了解公关活动实施的方法
3. 掌握公关活动实施的模式
4. 掌握公关活动实施的程序

【任务情景】

某服装企业计划针对即将到来的“双十一”举行大型公关活动，以此增强企业的知名度和美誉度，达到大幅提升销量的目的。企业要求公关部提前模拟实施公关活动，以便发现问题，及时解决。

【任务分析】

1. 实操任务

模拟公关活动的实施。

2. 实操准备

（1）本实操任务可在教室或实训室等场所进行。

（2）硬件准备：实施公关活动所需的现场道具，如条幅、音响等。

3. 实操要求

（1）学生分组扮演不同角色，模拟开展公关活动。

（2）学生之间互相评价、打分，并做好记录工作。

【任务实施】

模拟公关活动的实施

工作目标	模拟公关活动的实施	实操时间	1 学时
工作内容	1. 了解公关活动实施的基本要求 2. 熟悉公关活动实施的模式 3. 掌握公关活动实施的程序		
提交文件			
工作心得			

【任务考评】

公关活动实施工作考评表

考评人		被考评人	
考评地点			
考评内容	公关活动的实施		
考评标准		标准分值	得分
符合公关活动实施的基本要求		10 分	
公关活动实施模式运用合理		20 分	
公关活动实施程序正确		20 分	
对实施公关活动过程中遇到的问题处理得当		20 分	
实训过程中态度认真、积极配合		10 分	
其他注意事项考虑周全		10 分	
工作心得（问题与收获）		10 分	
合　计		100 分	

【理论要点】

一、公关活动实施的基本要求

（一）坚持计划所规定的公关目标及实现目标的要求

在实施计划的过程中，一般不能随便改变或放弃目标，也不能轻易变动实现目标的基本步骤，而应当牢牢盯住目标，一切活动以实现目标为准则。同时要严格控制工作进度，保证整个实施过程能按计划规定的基本步骤进行。如果在实施过程中，遇到没有预料到的问题或障碍就立即改变目标，或改变实现目标的基本步骤，那迟早会被复杂易变的客观形势弄得无所适从，被新冒出的问题和障碍扰乱阵脚，使工作陷入迷途，陷入“头痛医头，脚痛医脚”的被动应付局面。

（二）建立环境监测系统，及时修正计划的具体内容

坚持计划所规定的目标及实现目标的基本步骤，并不等于死抱住计划不放，无视客观环境变化，一切按计划行事。在计划实施的过程中，要经常对客观环境进行监测，及时了解消费者信息、产品信息以及销售信息的变化情况，严格检查监督计划的实施。如果发现在活动项目安排、人力、经费、时间的预算上存在不利于计划目标实现的问题，则要及时予以修正和调节，使计划实施向着实现公关目标的方向发展。

（三）认真拟订具体活动的实施方案

公关计划实施的负责人应根据公关目标和客观环境的要求，对活动时间的安排、地点的选择、对象的确定、程序的控制、内容的构思方式的采用以及人员的分工、费用的开支等进行认真研究，拟订可靠有效的实施方案。

二、公关活动实施的方法

（一）甘特图实施法

甘特图是美国管理工程师亨利·L. 甘特（Herry L. Ganntt）发明的，此法的最大特点是便于了解计划完成的进度和存在的问题。其操作方法如下：先把公关项目和计划分门别类，然后标明完成时期，将每周或每日的进度在图表上标出来，检查它是否和预期计划相吻合。这种方法的缺点是不能在计划中反映遇到的问题及其原因。

（二）线性排列法

线性排列法是将公共关系行动、措施按内在联系的先后顺序逐一排列起来，一步步向目标逼近的方法。

三、公关活动实施的模式

要做好公关活动实施，就需要根据不同的组织发展时期、不同的社会环境、不同的公众类型，选择不同的公关活动模式。

（一）常见的公关活动模式

1. 宣传型活动模式

这种模式利用各种传播媒介和交流方式，进行内外传播，让各类公众了解组织，支持组织，形成有利于组织发展的社会舆论，达到促进组织发展的目的。当组织知名度不高

时，为提高自己在社会上的知名度，多采用此种模式，如发新闻稿，做广告，制作板报，演讲，举行记者招待会、新产品博览会、经验或技术交流会等。

2. 交际型活动模式

这种模式通过人与人的接触，进行感情上的联络，为组织广结良缘，建立广泛的社会关系网络，形成有利于企业发展的人际环境。其方式是进行团体交往和个人交往，团体交往包括各式各样的招待会、座谈会、宴会、茶话会、慰问活动、舞会等，个人交往有交谈、拜访、祝贺、信件往来。这种活动模式富有人情味，弥补了大众传播的不足。例如：某市成立了“企业家组织俱乐部”，企业家们利用周末喝茶聊天的机会获取信息，建立联系。

美国一家汽车公司推销员在任职的 11 年间，平均每月寄出 1.3 万张明信片，分发给买过公司汽车的顾客，每月 1 份。虽然只是一张普普通通的明信片，但公司真诚的祝愿打动了公众的心。组织以信件为媒体，与公众交流情感，这种人际交往方式深得公众的赞赏，从而在公众心目中树立了真诚可信的形象。

3. 服务型活动模式

这是一种以提供优质服务为主要手段的活动类型，目的是以实际行动来获取社会的了解和好评，建立自己良好的形象。实实在在的行动是这种模式最显著的特征，组织通过提供售前服务、售中服务、售后服务、便民服务等来密切与公众的联系。

广州珠江钢琴集团股份有限公司为提高自己的知名度和美誉度，进而扩大产品的销售量，每年都举办少年儿童钢琴夏令营，在广州、北京、武汉等地分别设营。通过这种活动，为社会培养了许多优秀琴师，在社会上树立了该厂的良好形象，使珠江牌钢琴的销售量一跃成为全国之首。珠海格力电器股份有限公司为了给用户提供更完善的售后服务，组建了格力空调的“快速反应部队”，提供 24 小时全天候服务，用户的空调无论什么时候出现故障，只要拨打格力服务热线，“快速反应部队”很快赶到。

4. 社会型活动模式

这种模式是指组织举办各种社会性、公益性、赞助性的社会活动，其目的是通过积极的社会活动来提高组织的社会影响力，提升其社会声誉，赢得公众的支持。

社会型活动的形式有三种：一是以企业本身为中心开展活动，如举办各种庆典活动、文体竞赛，邀请员工家属来厂参观，组织员工郊游等；二是以赞助社会公益事业为中心开展活动；三是资助大众传媒举办各种活动，如江苏春兰集团赞助中央电视台举办“春兰杯”我最喜爱的春节联欢晚会节目评选，哈药集团制药六厂赞助中央电视台举办“哈药杯”全国歌手电视大奖赛，等等。

社会型活动从短期看，往往不能给企业带来直接的经济效益，而且还要支付巨额费用，但从长远看，它却为企业树立了良好的社会形象，使公众对企业产生好感，为企业创造了良好的发展环境。

5. 征询型活动模式

这是以采集社会信息为主的活动类型，目的是通过信息采集、舆论调查、民意测验等工作，了解社会舆论，为企业决策提供依据。这种活动的形式很多，如民意测验、访问用户、信访制度、监督电话、举报中心、热线电话、征求合理化建议、征求厂名和商品名等。

（二）根据组织与环境的关系划分的公关活动模式

1. 建设型活动模式

这是在组织创建初期，为了给公众以良好的“第一印象”，提高组织在社会上的知名度和美誉度而采用的一种模式，主要形式有举办各种开业庆典、免费招待参观、开业折价酬宾等。这种活动有利于引起公众注意，提高公众认知程度。

例如：武汉某商场策划了一次别具匠心的开业仪式，这次活动跳出了开业典礼敲锣打鼓、鸣放鞭炮、请领导剪彩的传统做法，代之以播放喜庆音乐，剪彩由领导和第一位光临的顾客完成。商场邀请一部分顾客和领导一起开座谈会，为商场出谋划策，整个活动过程始终有记者参加。请顾客剪彩、参加座谈会不仅有新意，而且体现了商场“顾客就是上帝”的服务宗旨，给公众留下了美好印象；请记者参加，利用了新闻媒介，扩大了社会影响，使商场名声大振。

2. 维系型活动模式

这种模式主要适用于组织稳定发展时期，目的是维持组织已有的知名度和美誉度，巩固公众对组织的良好印象。如美国通用汽车公司不定期举办汽车展览，向社会推出其新产品，巩固公司在公众心中的形象。再如广州中国大酒店开业一年后生意兴隆，为巩固已有成绩，该酒店举办了一次空前的周年庆典，邀请海内外知名记者和过去的知名顾客参加，向他们赠送各种印刷、电子宣传资料，以及大量制作精湛、有几千员工合影的自制明信片。通过这次活动，广州中国大酒店巩固了已有的知名度，并且大大争取了潜在公众。

3. 防御型活动模式

这种模式要求预测可能出现的公共关系纠纷，及时向决策部门提出改进计划，以防患于未然。位于美国宾夕法尼亚州三里岛的埃迪生公司在岛上建了一家核电厂，为了增加公众对核能知识的了解，缓解公众的核恐怖心理，成功引导公众舆论，防止公众因对核能应用产生误解而与公司发生冲突、纠纷，公司公关部对公众进行了长时间的宣传，而且向决策部门提出建教育中心的计划。决策层采纳了建议，在核电厂附近修建了一个核电知识教育中心，向公众展示核电的知识和核电的经济效益，每年有 15 000 人访问该中心。

4. 矫正型活动模式

这是在组织形象遇到损害，如组织产品存在质量问题给社会公众造成危害，组织的生产破坏了社区的生态平衡，或组织商标被侵犯造成公众的误解时，采用的进行善后处理的活动模式。如果是组织自身出现了失误，应本着实事求是、有错即改的态度，坦率检讨本组织的过失，并采取补救措施。一方面设法使该事件的影响减小到最低程度，另一方面将组织采取的改进措施和整顿情况及时公之于众，以求得公众的谅解，重新获得公众的信赖与支持。如果是公众误解，应及时向公众澄清事实，消除误会，将本组织采取的预防措施向公众宣传以防事态继续发展。

5. 进攻型活动模式

这是在组织与外界环境发生激烈冲突、处于生死存亡的关键时刻，采用的以攻为守、主动出击的一种公共关系活动模式。当组织处于关、停、并、转时，必须迅速调整公关政策和活动方式，避免环境对组织的不利影响。美国克莱斯勒汽车公司曾濒临破产，当时新上任的总裁亚柯卡以攻为守，以公司全部资产为抵押向联邦政府贷款。这一消息传开后引起轩然大波，指责声四起，公司成为众矢之的，但亚柯卡认为公司受到了不公正的指责，应据理力争，于是向公众说明实际情况并开始大规模宣传攻势。结果当然是赢得了公众和政府的信任，获得了贷款，克莱斯勒起死回生。

四、公关活动实施的程序

公关活动实施的程序指的是在完成公关活动实施工作内容、工作方法的设计后，对实施时机、工作进度和各项工作之间的配合进行策划和设计。

（一）细化公关活动实施时机

公关活动实施时机是指能够使公关活动获得最佳效果的开始工作时间和结束工作时间。如同对公关活动项目进行分解一样，制定公关活动实施流程时，也要对策划方案中所选择的公关时机进行具体细化，以增强公关活动的可操作性。

（二）编制公关活动实施进度

公关活动实施进度是在确定公关活动实施时机后，对各项公关活动实施工作内容所需时间进行日历进度安排。在编制公关活动实施进度时，最直观的方法是拟出公关活动时间进度表。编制公关活动实施进度要注意两点：

（1）必须保证在确定的最佳开始时间启动有关工作，在最佳结束时间完成操作。

（2）要充分估计各种因素的干扰，时间进度安排要留有余地。

（三）分配预算经费

几乎没有一项公关活动的实施是不需要经费的，对于举办大型活动来说，经费如果落实不了，则活动的实施就成了一句空话。因此，在设计活动实施方案时，必须将公关策划的总体预算经费合理分配到各项公关工作内容中去，以保证各项工作开支需要。

（四）组建实施机构

在公关活动实施之前首先要组建一个专门负责此次公关活动实施的工作机构（小组），主要是确定该项目的总负责人及其助手、各专案负责人，明确其职权及工作分工。

（五）培训实施人员

公关活动的实施要靠公关人员进行，其人员素质会对公关活动的成败产生较大影响。所以在实施公关活动前，需要对参与人员进行培训。

【思考练习】

1. 单选题

（1）公关活动在实施过程中，如果遇到问题，（　　）。

A. 一般不能随便放弃或更改目标　　B. 可以在适当时机选择新目标

C. 可以修改目标　　D. 可以延时完成目标

（2）甘特图法最大的特点是（　　）。

A. 便于了解计划进度　　B. 便于完成目标

C. 不利于查找存在的问题　　D. 无法在图中查找未完成目标

（3）宣传型活动的目的是（　　）。

A. 提高美誉度　　B. 增进大众感情

C. 提高知名度　　D. 弥补宣传不足

2. 判断题

（1）服务型活动模式是以提供优质服务为主要手段的活动类型。（　　）

（2）进攻型活动模式是以攻为守、主动出击的一种公关活动模式。（　　）

（3）公关活动计划中的时机是次要因素。（　　）

3. 简答题

（1）公关活动实施的方法有哪些?

（2）交际型公关活动模式的优势有哪些?

（3）公关活动模式中社会型活动的形式是怎样体现的?

任务三　公关活动的评估

【任务目标】

1. 了解公关活动评估的标准

2. 理解公关活动评估的依据
3. 掌握公关活动评估的主要方法
4. 了解公关评估报告书的结构格式
5. 学会编写公关活动评估报告

【任务情景】

福特汽车的环保之路

奥美是一家服务于联合利华、福特汽车、巴斯夫化工及箭牌口香糖等一批致力于环保和公共事务的客户群体的公关公司。自2000年开始，奥美公关受福特汽车（中国）有限公司委托，在中国开展“福特汽车环保奖”活动。福特汽车（中国）有限公司自1995年10月25日起在中国投资，不仅发展在华业务，而且在中国市场上承担起多项社会责任，致力于推动经济、保护环境等回馈社会之举。“福特汽车环保奖”这一定位于CSR（corporate social responsibility，企业社会责任）的公关项目每年颁发奖金100万元人民币。经过多年的努力，“福特汽车环保奖”从无到有，从不为人所知到成为国内环保界每年一度的盛事，并成为目前国内规模最大、奖金额度最高、影响巨大的环保评奖活动。

请你根据这个案例写一篇公关活动评估报告。

【任务分析】

1. 实操任务

编写公关活动评估报告。

2. 实操准备

（1）本实操任务可在教室或实训室等场所进行。

（2）硬件准备：计算机、打印机、A4打印纸等。

3. 实操要求

（1）学生以小组为单位编写公关活动评估报告。

（2）任务完成后，学生之间互相评价、打分，并做好记录工作。

【任务实施】

编写公关活动评估报告

工作目标	学会编写公关活动评估报告	实操时间	1 学时
工作内容	1. 了解公关活动实施效果的评估标准 2. 了解公关活动评估的依据 3. 编写公关活动评估报告		
提交文件	公关活动评估报告		
工作心得			

【任务考评】

公关活动评估工作考评表

考评人		被考评人	
考评地点			
考评内容	公关活动评估		
考评标准		标准分值	得分
公关活动评估报告内容完整、格式正确		40 分	
评估报告中合理运用标准和方法		30 分	
实训过程中态度认真，积极配合		10 分	
其他注意事项考虑周全		10 分	
工作心得（问题与收获）		10 分	
合 计		100 分	

【理论要点】

公关活动评估是公关工作程序的最后一步，是指根据特定标准，对公关计划实施的情况进行评估，并从中发现问题，及时修订计划，进一步调整和完善组织形象。

一、公关活动评估的标准

美国著名的公共关系专家斯科特·卡特李普和阿伦森特等总结多年的公共关系实践经

验，提出了公关活动效果的评估标准。

（一）了解信息内容的公众数量

公关活动的目的之一就是要提高组织的知名度，加强目标公众对组织的了解与理解。

（二）改变观点、态度的公众数量

组织的公关活动是否引起公众对组织的看法和态度的转变，支持组织的公众是否有所增加，增加多少。

（三）发生期望行为与重复期望行为的公众数量

衡量公关活动效果的最高层次，要看是否引起公众行为。在实施公关活动之后，有多少公众按照导向采取或重复采取了组织期望的有利于组织的行为，从而实现了组织的目标，达到了事业的成功。这是衡量公关活动效果的重要标准。

二、公关活动评估的依据

（一）根据大众媒介传播的情况来评估

（1）报道的数量。大众媒介报道的次数越多，频率越高，越能引起公众的注意，扩大组织的社会影响。

（2）报道的质量。大众媒介对组织公关工作的成就、经验报道越多，越有利于塑造组织的良好形象；相反，如果进行了负面报道，则可能导致组织形象一落千丈。

（3）新闻传播媒介的影响力。一般来说，发行量大、覆盖面广、权威性强的传播媒介，其影响力亦大，能提高公关活动的效果。组织的公关活动由权威性较强的新闻媒介报道，能加深公众的印象，增加公众对组织的好感。

（二）根据组织内部资料来评估

（1）组织领导层和管理人员、营利性组织的股东，在组织的经营管理过程中，对组织公共关系目标的达到程度和效果的评价。

（2）组织内部员工从不同角度对公关活动成效的评价。如：生产一线的员工根据自己对安全、工作环境的要求是否得到满足，对组织的公关工作进行的评价；销售一线的员工通过自己的销售活动，对组织的公关工作进行的评价。

（3）组织内部资料，如资金平衡表、统计报表、财务活动分析、公众的来信来访记录，都是评估公关活动的重要资料。

（三）根据组织外部资料来评估

（1）消费者和用户的信息反馈。消费者和用户是营利性组织的首要公众，因此，他们的反馈是评估公关活动的重要资料。

（2）相关组织的信息反馈。组织在生产经营中，会与原料供应者、产品经营者建立合作伙伴关系。他们与组织交往频繁，并且与大批消费者和用户发生联系，从他们那里可获得有关公关工作成效的信息资料。

(3) 社区公众的信息反馈。社区公众是组织的左邻右舍，他们与组织由于地域邻近而关系密切、相互了解，组织可从社区公众那里获得较快的信息反馈，据此评估公关工作的成效。

(4) 政府的信息反馈。政府对组织行为的支持程度、政府与组织关系的密切程度，可以反映出公关工作的社会效果。

三、公关活动评估的主要方法

(一) 报告法

将一定时间内公关活动的成果用口头或文字的方式，向有关部门报告。报告分正式报告和非正式报告。正式报告通过正式传播渠道来总结活动成果，如定期备忘录、集体会议、汇报会、年度报告会等；非正式报告通过各种非正式途径来报告活动成果，如自由座谈、书信、电话、走访、简短的书面汇报等。

(二) 观察法

公关活动评估者以当事人的身份亲自参加公关活动，通过直接观察来评估其效果。

(三) 外部监察法

聘请组织外的有关专家、学者，对本组织公关活动进行调查和评价，以局外人、第三者的立场和态度来观察、评价本组织活动的成效，这样所得的结论更具有客观性。

(四) 比较法

对公共关系活动前后所做的调查结果进行比较，以此来衡量活动的效果。

(五) 销售量检测法

良好的公共关系必然转化成经济效益，企业产品的销售量和利润是检验公关活动成效的一个方面。

四、公关活动评估报告书的结构格式

(一) 封面

封面的主要内容包括评估书或项目的题目、评估时间、评估人（单位名称）以及保密程度、报告书编号。题目要反映出评估的范围和对象，排版应醒目、美观。

(二) 评估成员

即要写明哪些人参加了评估工作，负责人是谁。

(三) 目录

目录可以为阅读评估报告书的人提供方便。

(四) 前言

前言反映评估任务或工作的来源、根据，评估的方法、过程以及其他特别需要说明的问题。也有的评估报告书把评估的方法、过程等写进正文部分。

（五）正文

正文是评估报告书最重要、最主要的部分，也是评估报告书的主体。它包括评估的原则、方法、范围，总结公关活动的效果，分析公关活动存在的问题，提出建议等。

（六）附件

附件内容是对正文内容的详细说明和补充，是正文的证明材料。附件主要包括附表、附图、附文三部分。

（七）后记

后记主要说明一些相关的问题，比如报告书传播的范围，对参加人员及相关单位的致谢等。

（八）评估时间

由于公关活动处于动态的状态下，不同时间的评估所得出的结论会不同，因此，评估报告必须写明评估时间或评估工作开展的阶段。

【思考练习】

1. 多选题

（1）公关活动评估报告中的附件包括（　　）。

A. 附表　　B. 文字说明　　C. 附图　　D. 附文　　E. 保密程度

（2）公关活动评估报告方法中的非正式报告指的是（　　）。

A. 电话　　B. 书信　　C. 座谈　　D. 年度报告　　E. 集体会议

2. 判断题

（1）评估成员是指参与评估工作的负责人。（　　）

（2）比较法是指对公关活动之后的调查结果做比较。（　　）

（3）美国著名公共关系专家斯特科提出了公关活动效果评估标准。（　　）

3. 简答题

（1）公关活动的评估依据有哪些？

（2）公关活动的评估方法有哪些？

（3）撰写公关活动评估报告的要素有哪些？

项目五

公关专题活动

任务一　庆典活动

【任务目标】

1. 了解庆典活动的概念和类型
2. 熟悉庆典活动的准备工作
3. 掌握庆典活动的程序
4. 学会拟写庆典活动策划方案

【任务情景】

H服装公司已成立十周年了，作为青岛市的知名企业，为了拓展业务、扩大业绩、提高公司的知名度和信誉度，该公司决定在10月10日举办公司成立十周年的庆典活动。为了体现这次庆典活动的意义，同时通过庆典活动与社会各界朋友加强联络，公司决定广邀嘉宾。庆典活动的实施工作由H服装公司的公关部负责。

【任务分析】

1. 实操任务

（1）拟订公司周年庆典策划方案。

（2）布置庆典会场。

（3）设置庆典活动程序。

2. 实操准备

（1）学生在教室或实训室进行庆典现场的布置和庆典模拟活动。

（2）硬件准备：计算机、打印机、A4打印纸、笔、横幅、气球、鲜花、彩带、座位牌、胸牌和照相机等。

3. 实操要求

（1）庆典活动模拟实训要在完成庆典策划方案的基础上进行。

（2）庆典会场的布置要注意整体布局的和谐，符合庆典喜庆而热烈的氛围。

（3）庆典活动的程序设置要符合规范。

【任务实施】

1. 拟订公司周年庆典策划方案

工作目标	拟订公司周年庆典策划方案	实操时间	1学时
工作内容	1. 活动构思 2. 嘉宾的邀请与信息反馈 3. 接待安排 4. 庆典活动安排		
提交文件	公司周年庆典活动方案		
工作心得			

2. 布置庆典会场

工作目标	学会布置庆典会场	实操时间	1学时
工作内容	1. 和谐的整体布局 2. 喜庆而热烈的会场气氛		
提交文件			
工作心得			

3. 设置庆典活动程序

工作目标	掌握庆典活动的程序设置	实操时间	1学时
工作内容	1. 典礼程序 2. 接待事宜 3. 助兴活动		
提交文件			
工作心得			

【任务考评】

庆典活动工作考评表

考评人		被考评人	
考评地点			
考评内容	拟订庆典活动的策划方案、布置庆典会场、设置庆典活动程序		
考评标准		标准分值	得分
庆典活动的策划方案规范、内容全面、有创意		30 分	
会场布置与庆典氛围相符		15 分	
庆典会场具有和谐的整体布局		15 分	
庆典活动的流程设置符合要求		20 分	
其他注意事项考虑周全		10 分	
工作心得（问题与收获）		10 分	
合　计		100 分	

【理论要点】

一、庆典活动的概念和类型

（一）庆典活动的概念

庆典活动是社会组织为庆祝某一重大事件而举行的一种公共关系专题活动，它是指组织根据自身及所处社会环境中有关的重大事件、纪念日、节日等所举办的各种仪式、庆典和纪念活动的总称。社会组织一般会在内部发生值得庆祝的重要事件时，在人们共同庆祝的重大节日里举行隆重的庆典活动。这种庆典活动实际也是一种展示组织形象、提高社会知名度的公关活动。

庆典既然是庆祝活动的一种形式，那么它就应当以庆祝为中心，把每一项具体活动都尽可能组织得热烈、欢快而隆重。不论是举行庆典的具体场合、庆典进行过程中的某个具体场面，还是全体出席者的情绪、表现，都要体现出红火、热闹、欢愉、喜悦的气氛。唯有如此，庆典的宗旨——塑造本单位的形象、显示本单位的实力、扩大本单位的影响，才能够真正地得以贯彻落实。

（二）庆典活动的类型

1. 开幕庆典

开幕庆典即开幕式，指第一次与公众见面的、展现组织新风貌的各种庆典活动。

2. 闭幕庆典

闭幕庆典是指组织重要活动的闭幕式或者活动结束时的庆祝仪式。

3. 周年庆典

周年庆典是指组织在发展过程中的各种内容的周年纪念活动。

4. 特别庆典

特别庆典是指组织为了提高知名度和美誉度，或者为了某种特定目的而利用某些具有特殊纪念意义的事件策划的庆典活动。

5. 节庆活动

节庆活动是指组织在重要节日时举行或参与的庆祝活动。这里的重要节日可以是传统的节日，也可以是改革开放后源自西方的节日。

二、庆典活动的准备工作

虽然庆典活动司空见惯，但要把庆典活动办得圆满成功却也不是那么容易的，尤其是大型的庆典活动，牵涉面广，工作具体而复杂，公关人员一定要精心策划，周密实施。具体地说，要办好一次庆典活动，必须认真做好以下准备工作：

（一）精心拟定邀请宾客的名单

首先要拟出宾客的名单，名单经领导审定后，印制成精美的请柬，并提前两周左右寄送给宾客。活动前三天再打电话核实有无变动，对贵宾要在活动前一天再核实一次。

一般邀请宾客的范围是本组织主管部门的领导及业务往来单位，相关媒体新闻记者，同行部门和直属部门领导，以及有关公众，如社区公众代表、知名人士、政府领导等。

（二）确定主持人

庆典活动的主持人可以是相关政府部门领导，也可以是本组织领导，还可以是有一定影响的电视台等媒体主持人。主持人应要求仪态大方、口才良好、反应敏捷等。

（三）拟定程序

庆典活动的程序一般包括主持人宣布庆典活动开始、升国旗奏国歌和升厂旗奏厂歌、介绍重要来宾、组织负责人和重要来宾致辞、剪彩或安排参观等庆祝活动。庆典活动程序的安排要求紧凑、连贯而细致周密，程序的安排关系到活动的成败。

（四）布置场地

举行仪式的场地可以设在组织有关庆典活动的现场，如开工或竣工庆典选在工程现场，开业庆典选择在铺面或商店的门口等，应在场地悬挂开业或庆典会标、庆祝或欢迎词语。因为开业活动一般是站立举行的，所以要在来宾站立处和剪彩处设红色地毯，以示尊敬和庄重。场地布置可充分利用飘空气球、彩虹门、步道旗、花篮及花卉植物、红地毯等，如会场两边可放置来宾赠送的花篮，四周悬挂彩旗和宫灯。此外，还要准备好音响、照明设备，使整个场地的气氛显得隆重、喜庆而热烈。

（五）安排接待工作

要在庆典活动开始前做好一切接待准备工作。事先安排好服务人员，活动开始前所有有关人员应各就各位。重要来宾的接待，应由组织的领导亲自完成。要安排专门的会议室或接待室，以便在正式典礼开始前，让来宾休息或与组织领导交谈。入场、签到、剪彩、留言等活动，都要有专人指示和领位。要事先订购嘉宾佩戴的胸花。

（六）物质准备和后勤、安保等工作

庆典活动的现场需要有音响、音像设备、文具、电源等。需要剪彩的，要准备好彩绸和彩带、剪刀、托盘、托布等，礼仪小姐的人数应比剪彩领导人数多1人。鞭炮、锣鼓等在特殊场合，也要有所准备。宣传品、条幅和赠予来宾的礼品，也应提前准备好。赠送的礼品要具有象征性、纪念性或宣传性，能够成为宣传本组织的广告载体。一般应在礼品上印企业标志、庆典活动日期等。另外，为给活动助兴，可以安排一些短小精彩的文艺节目，这些节目可以组织内部人员表演，也可以邀请有关文艺团队或人员表演，节目要力争有特色。

总之，做到准备认真充分，接待热情有礼，典礼热烈有序，就容易使庆典活动取得成功。

三、庆典活动的程序

（一）签到

宾客到来后，由专人请他们签到。签到簿封面用红色，内部纸张以装饰美观的宣纸为宜。组织的产品经营项目及组织全方位说明的资料，均可发给到来的宾客，以扩大组织的知名度。

（二）接待

宾客签名后，礼仪小姐为嘉宾佩戴胸花，接待人员将嘉宾引到接待室，让他们稍事休息并相互认识。本组织人员应在此陪同宾客进行交流，可以谈一些本组织的事情，或者说些对宾客到来表示感谢的话语。

（三）典礼开始

当大部分来宾就位，典礼时间到时，主持人宣布庆典正式开始，全体起立，升国旗奏国歌和升厂旗奏厂歌。

（四）致辞

主持人介绍出席庆典活动的领导和嘉宾，主宾双方领导或代表致辞。无论是开幕词、贺词还是答谢词，均应言简意赅、热烈庄重，切忌长篇大论。

（五）剪彩

如果是大型工程，其破土动工奠基仪式、工程竣工仪式，以及公司成立、商场开业等

庆典活动，一般要进行剪彩。这时，礼仪小姐手托托盘，将用彩带扎成的花朵相互连着放在托盘上，可以放置红色方口布，口布上面放花朵及剪刀，同时配以热烈的音乐。当主持人出场时，音乐停止，主持人进行简单致辞，宣读到会来宾，并表示谢意。

剪彩开始，由主持人宣布剪彩人员的单位、职务、姓名，主席台上的人员一般要位于剪彩者身后1～2米外。剪彩者穿着端庄整齐的服饰，步履稳健，全神贯注，走向彩带，拿剪刀时以微笑向服务人员、礼仪小姐表示谢意；剪彩时，向手拉绸带或托彩花的左右礼仪小姐微笑点头，然后神态庄严地剪断彩带；待剪彩完毕后，转身向四周观礼者鼓掌致意。

（六）配套节目

典礼完毕，宜安排些气氛热烈的节目，如敲锣打鼓、舞狮子、放信鸽、放气球、合唱歌曲、放喜庆音乐等。在允许燃放鞭炮的地区，还可以燃放鞭炮、礼炮等，营造喜庆气氛。此外，还可以请军乐队演奏。当然配套节目可以灵活地穿插在各环节中。

（七）参观、座谈和聚会

主持人宣布庆典仪式结束，即可以引导来宾参观工程、公司或商店等。可介绍主要设施或特色商品，也可以举行短时间的座谈或请来宾在留言簿上签字。之后，还可以安排宴会、舞会来答谢来宾。

（八）赠送纪念品

如果是学校、企业或商场举办“××周年”庆祝活动，可以准备纪念品赠送给自己的员工和来宾，使员工感到主人翁的优越意识，使来宾有受到尊重的感觉，以此达到交流感情的作用。

下面是某公司开业庆典策划方案（节选）。

×××公司开业庆典策划方案（节选）

一、活动的目的

现场布置以产生热烈隆重的庆典仪式气氛为基准，活动以产生良好的新闻效应、社会效益为目标。

二、活动场所

三、活动内容

四、举办时间

五、活动物资筹办

六、开业庆典活动的司仪人选

七、开业庆典的嘉宾邀请

为了使庆典活动充分发挥其制造舆论的积极作用，在邀请嘉宾的工作上必须精心选择对象，尽力邀请有知名度的人士出席，制造新闻效应，对重要嘉宾应派专人亲自上门邀请。

八、开业庆典广告宣传内容要求

开业告示要写明事由，即×××开业庆典仪式在何时何地举行，并介绍有关的建设规划、经营理念、服务宗旨。

广告媒体安排：在活动前一周即需安排好路段的广告位，并制作好广告稿件及广告计划书，印制好准备派发的礼品袋、宣传资料。

印制广告：宣传单页、礼品袋……

九、场景布置

[条幅]

1. 数量：××。

2. 规格：×××。

3. 材料：……

4. 内容："各单位恭祝×××开业"。

5. 布置：……

条幅是有效的宣传品。印制条幅，喜气洋洋地迎接每位来宾，数量要能体现出整个庆典场面的浩大。

[横幅]

1. 数量：××。

2. 规格：×××。

3. 内容：……

4. 布置：……

[充气拱门]

1. 数量：××。

2. 规格：×××。

3. 材料：……

十、会场布置

[音响]

1. 数量：××。

2. 说明：……

3. 位置：……

十一、活动流程

×年×月×日上午9:00典礼正式开始（暂定）

8:30　播放迎宾曲。

8:40　剪彩嘉宾入场就座。

9:00　司仪上台宣布×××开业庆典正式开始，司仪介绍贵宾，宣读祝贺单位名单（音乐播放）。

9:15　司仪：邀请领导致辞。（掌声）

9:20　司仪：邀请总经理讲话（掌声）

9:40　司仪：请贵宾代表讲话。（掌声）

10:00　司仪：宣布剪彩人员名单。

10:05　司仪：宣布开业剪彩仪式开始，嘉宾剪彩，鼓乐齐鸣。

10:30　司仪：宣布开业庆典圆满结束。

十二、后勤保障工作安排

本次活动在具体的操作过程中将有大量的后勤保障工作需要得到足够的重视，后勤保障工作的好坏将直接影响本次活动的成败。

1. 现场卫生清理：配备两名清洁工，定时对活动现场进行清扫，以确保活动现场的整洁。

2. 活动经费安排：对活动所需的经费应指定专人专项进行管理，确保活动得以顺利实施。

3. 活动工作报告：定期举行工作组会议，通报各项准备工作的进展情况。

4. 交通秩序：两名工作人员负责活动现场入口的交通秩序，路边不得停放任何机动车辆。车辆的停放由专人负责，在指定处停放。

5. 电工、音响：主会场配备专业电工一名，预备发电机一台，检测维护用电，配备专业音响师一名，保证典礼时能正常讲话播音。

十三、活动结束之后的工作

1. 进行实际费用结算。准确核算实际支出并与前期预算对比，写出费用总结报告。

2. 庆典活动影响力调查。包括信息的收集、整理、反馈，为企业经营决策做好辅助工作。

3. 整理并保存资料。包括宣传画册、图片、光盘、方案设计、讲话稿、活动后的各种总结资料。

4. 写出效果评估报告。包括经济效益、社会效益、实际效益、潜在效益。

5. 提出经营建议。

【思考练习】

1. 单选题

(1)（　　）是指组织为了提高知名度和美誉度，或者为了某种特定目的而利用某些具有特殊纪念意义的事件策划的庆典活动。

A. 开幕庆典　　B. 周年庆典　　C. 特别庆典　　D. 闭幕庆典

（2）在庆典活动中剪彩时，礼仪小姐的人数应比剪彩领导人数（　　）。

A. 多 1 人　　B. 少 1 人　　C. 多 2 人　　D. 少 2 人

2. 判断题

（1）庆典活动是社会组织为庆祝开业而举行的一种公共关系专题活动。（　　）

（2）布置庆典会场时应使整个场地气氛显得隆重、喜庆而热烈。（　　）

（3）庆典活动程序的安排要张弛有度，不能过于紧凑。（　　）

3. 简答题

（1）庆典活动的类型有哪些？

（2）庆典活动的准备工作有哪些？

（3）简述庆典活动的程序。

任务二　赞助活动

【任务目标】

1. 了解赞助活动的作用和类型
2. 掌握策划和组织赞助活动的程序
3. 熟悉实施赞助活动时应注意的问题

【任务情景】

某饮品企业为了提升企业知名度和声誉，决定在“极限挑战”节目组来本市录制节目时进行赞助，公司经理将本次赞助活动的策划和组织工作交由本公司的公关部来完成。

【任务分析】

1. 实操任务

分组模拟策划和组织赞助活动。

2. 实操准备

（1）本实操任务可在教室或实训室等场所进行。

（2）硬件准备：相关模拟道具。

3. 实操要求

(1) 学生分组讨论、策划赞助活动的实施步骤。

(2) 学生分组模拟实施赞助活动。

(3) 学生演练完毕，教师进行点评。

【任务实施】

分组模拟策划和组织赞助活动

工作目标	学会策划和组织赞助活动	实操时间	2 学时
工作内容	1. 了解赞助活动的作用和类型 2. 掌握策划和组织赞助活动的程序 3. 熟悉实施赞助活动时应注意的问题		
提交文件			
工作心得			

【任务考评】

赞助活动工作考评表

考评人		被考评人	
考评地点			
考评内容	策划和组织赞助活动		
考评标准		标准分值	得分
赞助活动的策划符合基本规范、有创意		20 分	
赞助活动的组织程序合乎要求		30 分	
实施赞助活动过程中对遇到的问题处理得当		20 分	
实训过程中态度认真		10 分	
其他注意事项考虑周全		10 分	
工作心得（问题与收获）		10 分	
合　计		100 分	

【理论要点】

一、赞助活动的作用和类型

（一）赞助活动的作用

赞助活动是社会组织无偿地提供资金或物资，支持某一项社会事业或社会活动，以获得一定形象传播效益的公共关系专题活动。它可以促使提供赞助的社会组织与赞助的项目扩大社会宣传效应，是一种有效的公共关系手段。

目前，社会组织通过对文体、福利事业和市政建设以及一些社会活动进行赞助，来扩大组织影响、提高美誉度已成为十分普遍的现象，特别是一些效益好的企业，由于具有经济实力，经常被邀请进行赞助。赞助活动对组织的发展具有特殊而重要的作用，具体表现为以下六点：

1. 扩大知名度

举办赞助活动并通过新闻媒介的广泛传播，可以扩大组织的知名度。从某种角度看，赞助活动是以赞助为手段来扩大企业知名度的变相的公共关系广告，有利于增强企业商业广告的说服力和影响力，尤其是当组织赞助的是重大的体育赛事和社会公益活动，赞助的影响力就更大。

2. 增强信任度

通过赞助的方式可以证明组织的经济实力，赢得社会公众的信任。比如李宁赞助“中国奥运健儿领奖服”，即使不在全球顶级赞助商之列，也同样赢得了世人瞩目。

3. 提高美誉度

组织关心和支持社会公益事业，表明组织作为社会的一员，为社会做出了贡献，可以得到媒体的赞许和舆论宣传，从而有利于创造良好的舆论环境。组织向社会表示其承担社会责任和义务、与政府和社区搞好关系的最有效方式之一就是举办赞助活动。因此，组织应该重视开展赞助活动，以提高美誉度，树立组织的美好形象。

4. 改善顾客关系

社会组织持续举办内容一致的赞助活动，能够培养社会组织与某类特殊公众的感情，增进社会组织与公众间的友谊，加强双方的联系，使公众在内心深处认同社会组织，自觉地成为组织的顺意公众。

5. 在活动期间促销

企业在赞助活动期间可以直接促销。其形式可以是在特别活动的现场试销或促销产品和服务，也可以是在活动期间发放优惠券或产品目录等。

6. 提升员工士气

赞助活动可以为公司提供一个振作员工士气的机会，比如为员工提供免费票，员工可以邀请贵宾参加。公司的员工甚至可以在赞助活动期间担任志愿人员等。

（二）赞助活动的类型

1. 赞助体育运动

赞助体育运动是组织赞助中最常见的一种形式。随着人们生活水平和体育运动水平的提高，人们对体育运动越来越感兴趣。组织通过对体育运动的赞助，可以增强对公众施加影响的广度和深度，我们称之为“体育公关”，如对联赛、冠军赛、特殊邀请赛、主要巡回赛、一流球队的赞助。赞助体育活动常见的形式有赞助体育训练经费、赞助体育竞赛、设立体育竞赛奖励制度等。

2. 赞助文化生活

组织进行文化生活方面的赞助，不仅可以培养与公众的良好感情，而且可以大大提高组织的知名度，创造良好的社会效益。这类赞助有两种形式：一种是对文化活动的赞助，如对大型联欢晚会、文艺演出的赞助；另一种是对文化事业的赞助，如对某个文化艺术团体的定期的或不定期的赞助，通过这个文化艺术团体的活动，扩大组织在社会上的影响和知名度。

3. 赞助教育事业

组织赞助教育事业是一举两得的事情，一方面为组织与有关院校建立良好关系打下基础，有利于组织的人才招聘与培训；另一方面为组织树立起关心教育事业的可敬形象。赞助方式可以是赞助学校建图书馆、实验楼，设置奖学金、助学金和其他有关教育方面的资金或奖励。对组织而言，这既是一项智力投资，又是一项公关投资，应当给予充分的重视。

4. 赞助社会慈善和福利事业

赞助社会慈善和福利事业是组织和社区、政府搞好关系的重要途径，是向社会表明其承担义务和责任的手段。如为革命军属、残疾人、孤寡老人和社会福利机关提供物资、经费帮助，捐赠或资助慈善机构，在一些地区或单位遭受灾难时提供资助等。

5. 赞助各种展览和竞赛活动

赞助各种展览和竞赛活动是企业宣传和媒体运作结合的一种重要方式，组织可以利用各种展览或竞赛活动的平台进行产品或服务的宣传，最大限度地提升组织的知名度。

6. 赞助社会公益事业

赞助社会公益事业即出资参加市政基本建设，如出资修马路、天桥、公园、候车棚、路标等，一方面可以为政府减轻财政压力，另一方面又能为广大公众带来方便，赢得市民公众的称赞。这不仅能够树立组织的社会形象，而且能为社会组织的发展创造良好的条件。

7. 赞助设立奖励基金

赞助设立某项奖励基金，能赢得长期的美誉度，如设立优秀企业新闻工作奖、产品设计与发明奖等。

8. 赞助学术理论活动

赞助学术理论活动是一种高层次的、直接追求组织的社会效益和长远影响的赞助活动。各种学术理论研究活动，有的是直接服务于社会的，如医学方面的研究、经济和改革理论的研讨，有的是某些社会生产技术的发展战略研究。组织可以自己设立机构，也可以长期支持某些学术研究机构的研究活动，其形式可以是赞助学术研讨会、赞助学术著作的出版等。

组织举办赞助活动的形式很多，公关人员应善于设计出各种新颖的赞助形式，使组织获得最佳的信誉，改善、发展其公共关系。

二、策划和组织赞助活动的程序

（一）赞助研究

赞助有主动赞助和被动赞助之分，主动赞助更有助于树立组织形象，然而，无论是主动赞助还是被动赞助，都要明确赞助的目的。从研究本组织经营政策、公共关系目标入手，调查外部需要赞助项目的实际情况，从而制定企业的赞助方向和政策，以指导以后的赞助活动，并以此来考核外来要求赞助的项目。

（二）拟订赞助计划

在赞助研究的基础上，根据总方向和政策，结合企业的经济承受能力，制订出一个年度赞助计划。这个计划的内容一般包括：赞助对象的范围、赞助费用的预算、赞助形式和赞助宗旨等。赞助活动应在计划指导下进行。

（三）审核评定具体赞助项目

对每一个具体赞助项目，都应进行详细的分析研究，结合年度赞助计划逐项审核评定，确定其可行性、赞助的具体方式、赞助的款额、赞助的时机等，从而制定出此项赞助活动的具体实施方案。

（四）实施赞助

组织派出专门的公关人员负责具体赞助计划的实施。在实施过程中，应充分运用各种有效的公关技巧，扩大组织的社会影响。

（五）测定赞助项目的效果

赞助活动完成后，应对赞助效果进行调查测定。对照计划检查完成了哪些预定的目标，分析完成目标与未完成目标的原因，将效果测定写成文字材料存档，作为以后赞助活动的参考资料。

三、实施赞助活动时应注意的问题

（一）基本原则

赞助活动是一种技术性和政策性很强的公共关系专题活动，开展赞助活动必须遵循以下基本原则：

1. 社会效益原则

社会组织开展赞助活动的目的是树立组织的社会形象，表明社会组织积极承担社会责任和义务。因此，开展赞助活动必须着眼于社会效益，以获得公众的普遍好感。赞助的对象可以是社会慈善事业、福利事业、教育事业和公共设施的建设等。

2. 合法原则

合法原则是开展赞助活动的基本要求。这主要包括两方面的含义：第一，社会组织赞助的对象必须符合法律要求，符合社会利益和公众利益。如果社会组织赞助的对象是违法的，那就表明赞助的方向出现了原则性的错误，这不仅不利于实现开展赞助活动的目的，反而会损害社会组织的形象。第二，社会组织开展赞助活动时必须遵守国家的政策和法规。如果违背国家的经济政策和法规，利用赞助搞不正之风，也会削弱赞助活动的公关效果。

3. 实力原则

社会组织开展赞助活动应当量力而行，根据社会组织的经济实力，支出合理的赞助经费，赞助经费的数额必须在社会组织能够承受的范围之内。

4. 相关原则

一般来说，社会组织赞助的活动对象应当与公众生活或社会组织的经营内容相关联。例如，运动饮料厂赞助体育事业，这样的赞助活动自然和谐，既可赞助经费，又可提供饮料，实惠方便。

（二）注意事项

（1）组织的赞助活动应以组织和组织所面对的社会环境为出发点，制定出切实可行的公共关系政策、方针和策略，切忌盲目。

（2）组织应将公共关系政策公之于众，应保持与被赞助者和需要赞助的活动组织者之间的联系，用预算的预捐款项，及时帮助需要赞助的组织。另外，组织应将赞助计划列入组织为其生存和发展创造环境的长期计划，分清所需赞助事业的轻重缓急，逐步实施。

（3）组织的公关部应随时把握社会赞助的供求状况，做到灵活掌握赞助款项。

（4）组织对赞助活动应进行科学的管理，注意跟踪评估，要保证组织的赞助能给组织带来良好的社会效益。商务公关赞助活动结束之后，公关人员还要注意跟踪调查此项赞助的效果。如果赞助活动得到了新闻媒介的广泛宣传，受到了受益方的感谢，获得了重要部门的认可，则说明赞助活动已经产生了有益的影响。此时，公关人员应该及时将这一信息反馈给组织的最高管理部门，扩大信息交流，并且通过适当的方式将此信息传递出去，以扩大和巩固赞助活动的效果。

（5）突出赞助的社会意义。在进行公共关系赞助活动时，应注意把赞助活动与纯粹的产品广告宣传区别开来。赞助活动应该着重体现出社会意义，尽可能地减少太明显的商业化痕迹。

（6）保证管理部门的参与。企业或组织领导的参与是建立赞助计划信誉的重要因素。赞助并不是简单的廉价交易，而是组织与非营利性受益方在利益上的相互补偿。从组织内部讲，最高管理部门应明确表示参与赞助计划和非营利性活动，这是组织业务策略的一部分；从组织外部讲，组织最高管理部门的积极关注能够为自己在目标公众中争得信任和尊重。

（7）确定适度的规模。赞助的规模是组织在受益公众中建立美誉度的重要因素之一。因此，在选择了受益公众后，公关部门要根据不同的情况来确定赞助的规模，以保证捐赠金额足以支持某一项目，使组织的贡献明显可见。公关赞助应该尽量避免那些公众很难感觉到的、不成规模的无效赞助。

（8）保持连续性。要使受益组织建立起对赞助组织的感激之情，以及在目标公众中建立起组织的形象，需要一个发展的过程，需要一定的时间。因此，公关赞助活动贵在坚持，要保持相对的稳定性，逐步树立起组织的形象。

【思考练习】

1. 多选题

（1）开展赞助活动必须遵循的基本原则包括（　　）。

A. 创新原则　　B. 合法原则　　C. 相关原则　　D. 效益原则

E. 实力原则

（2）赞助活动对组织的发展具有特殊而重要的作用，具体表现在（　　）。

A. 改善顾客关系　　B. 提升员工士气

C. 扩大知名度　　D. 提高美誉度

E. 增强信任度

2. 判断题

（1）赞助活动是社会组织有偿地提供资金或物质，支持某一项社会事业或社会活动，以获得一定形象传播效益的公共关系专题活动。（　　）

（2）赞助可以分为主动赞助和被动赞助。（　　）

（3）公关赞助活动要保持连续性。（　　）

3. 简答题

（1）简述赞助活动的作用。

（2）赞助活动的类型有哪些？

（3）简述策划和组织赞助活动的程序。

任务三　展览展销活动

【任务目标】

1. 了解展览展销活动的特点和类型
2. 掌握展览展销活动的组织程序

3. 熟悉举办展览展销活动时应注意的问题

【任务情景】

新思路公关公司将于5月11日—21日承办内蒙古自治区首届电脑设备及相关用品的展览展销会，地点在内蒙古展览馆，届时来自全国各地的参展商将云集呼和浩特市，与会人数将达数万，此次展览会商机无限。新思路公关公司全体员工将全力以赴组织好本次展览展销活动。

【任务分析】

1. 实操任务

(1) 拟订展览展销活动的策划方案。

(2) 模拟组织举办展览展销活动。

2. 实操准备

(1) 本实操任务可在教室或实训室等场所进行。

(2) 硬件准备：计算机、打印机、A4打印纸、展板、徽标、横幅等。

3. 实操要求

(1) 学生分组讨论、拟订展览展销活动的策划方案。

(2) 学生分组模拟组织举办展览展销活动。

(3) 学生演练完毕，教师进行点评。

【任务实施】

1. 拟订展览展销活动的策划方案

工作目标	学会拟订展览展销活动策划方案	实操时间	2学时
工作内容	1. 了解展览展销活动策划方案的内容（包括会展的主题、宣传口号、时间、地点，对此次会展的简介、参展各项细则、主要活动、传播途径、参展效果预测与评估、经费预算、场地设计与布展等内容） 2. 撰写展览展销活动策划方案		
提交文件	展览展销策划方案		
工作心得			

2. 模拟组织举办展览展销活动

工作目标	掌握组织举办展览展销活动的流程	实操时间	1 学时
工作内容	1. 掌握展览展销活动的组织程序 2. 熟悉举办展览展销活动时应注意的问题		
提交文件			
工作心得			

【任务考评】

展览展销活动工作考评表

考评人		被考评人	
考评地点			
考评内容	拟订展览展览活动策划方案、组织举办展览展销活动		

考评标准	标准分值	得分
展览展销活动策划方案内容全面、格式规范	20 分	
展览展销活动准备工作充分有序	10 分	
展览展销活动组织完善、效率高	20 分	
实施展览展销活动过程中对遇到的问题处理得当	20 分	
实训过程中态度认真、积极配合	10 分	
其他注意事项考虑周全	10 分	
工作心得（问题与收获）	10 分	
合　计	100 分	

【理论要点】

一、展览展销活动的特点和类型

（一）展览展销活动的特点

展览展销活动，也可称为会展活动，是一种常见的商务公关专题活动形式，是指企业通过举办展览展销去推展企业的产品或服务的一种专题活动类型。它通过现场展示和示范来传递企业信息，树立企业形象。它以边展边销、以展促销为主要表现形式，是一种典型的营销公关活动。它具有如下特点：

1. 直观性

展览展销活动是一种非常直观、形象的传播方式。它把实物直接展现在公众面前，并有现场操作表演，给人以“亲眼目睹”“眼见为实”的感觉。这种直观的印象有助于增强公众对企业及其产品的可信度。

2. 双向性

展览展销活动不仅可以当面向公众展示企业自身形象，介绍产品，发布商品信息，同时还可以收集公众反馈意见，有针对性地就个别公众或某种特殊情况进行交谈，做到良性的双向沟通。

3. 复合性

展览展销活动是一种复合性的传播方式，它通常用多种媒介进行交叉混合传播，往往以实物展出为主，配以文字宣传资料、图片、幻灯片、录像、电脑等媒介，再加上动人的解说、友好的交谈、优美的音乐、生动的造型艺术，综合了多种媒介的传播优势，具有很强的吸引力。

4. 实效性

企业举办展览展销活动就是为了宣传自我、增进效益（获得订单、销售产品）。展览会经常会成为新闻媒体追踪的对象，因此，对公众影响范围广，效果大。参展单位如能充分利用展览会大造声势，扩大自己的影响，往往能起到很好的新闻宣传效果。

5. 高效性

展览展销会可以一次展示许多行业的不同产品，也可以集中同一行业的多种品牌来展示，是一种高度集中和高效率的沟通方式，它为参观者提供了更多的机会，并节省了大量的时间和费用。

（二）展览展销活动的类型

根据不同的标准，展览展销活动可以分为不同的类型。

1. 按展览展销活动的性质分类

按展览展销活动的性质分，可以分为贸易性展览会和宣传性展览会。

（1）贸易性展览会。

举办贸易性展览会是为了促进商品交易，展出的是一些实物产品和新技术等。这种展览会最大的特点是商品展览与订货销售融为一体。

（2）宣传性展览会。

宣传性展览会通过展品向观众宣传某一思想观点，或让观众了解某一史实，其特点是重在宣传，没有商业色彩，展品通常是照片、资料、图表及实物等。

2. 按展览展销活动的内容分类

按展览展销活动的内容分，可以分为综合性展览会和专业专题性展览会。

（1）综合性展览会。

综合性展览会是指综合展示一个国家、一个地区或一个组织的建设成就，既有整体概括，又有具体形象，观众参观后会有一个比较完整的印象。如“伟大的变革——庆祝改革开放 40 周年大型展览”“上海世界博览会”等，这种展览会通常由专门性的组织机构或单位负责筹办，规模一般都很大。

（2）专业专题性展览会。

专业专题性展览会通常是由企业或行业组织，围绕某一特定专题举办的展示活动。与综合展览会相比，其内容较为单一、规模较小、无综合性，但展示的内容集中，主题鲜明。如“中国酒文化博览会”，就是以展示酒为核心，以酒来展示企业文化和中国传统的酒文化。专题展览会比较多见，如“全国医用设备展览会”“内蒙古乳制品展销会”等，都是以某一专题为主要内容的展示活动。此外，更有一些小型展览会，是由企业自办的，所以灵活性很强。企业自办的小规模新产品展览会、企业产品（样品）陈列、与产品销售相结合的展销（以展为主）和橱窗展示，也都是专题展示活动，如“最新电子产品展示会”“防火安全展”等。

3. 按展览销活动的规模分类

按展览展销活动的规模分，可以分为大型展览会、小型展览会和微型展览会

（1）大型展览会。

大型展览会通常是由专门性的组织机构或单位负责筹办，企业应邀参加的一种全方位的展示活动。它的规模一般很大，参展项目多，参展内容全面，综合概括性强，像世界著名的“日本筑波国际科学技术博览会”等，都是规模宏大、内容丰富，全面展示世界范围或一个国家和地区的优秀成果的展览会。大型展览会的时间一般都较长，影响也相当大，是组织宣传形象的好机会。由于其形式不拘一格，对主办者和参展者的技术要求很高，因此需要做充分的准备。

（2）小型展览会。

小型展览会的规模较小，如某某绘画作品展、某某公司产品展示等。这类展览会常常由一个组织自己举办，展出的项目比较单一，常常放在企业的产品陈列室、厂史展览室内举办。

（3）微型展览会。

这是一种最小规模的展览，如商店橱窗的商品展览、某组织的宣传橱窗展示、流动展览车等。

4. 按展览展销活动的地点分类

按展览展销活动的地点分，可以分为室内展览会、室外展览会和巡回展览会。

（1）室内展览会。

室内展览会在室内举行，不受天气影响，不受时间限制，能够根据产品特点进行设计、装修布局，可展出较为精致、价值很高的展品，如“中国著名书法家作品展”“景德镇名瓷艺术展”等。

（2）室外展览会。

室外展览会是在室外举行展览展销，虽然规模可以很大，布展比较简单，但会受到天气的影响。比较适合在室外举办的展览有花展、灯展、汽车展、机械展览等。

（3）巡回展览会。

巡回展览会是一种流动性的展览，往往利用车辆运往各地巡回展出，如“农业科技书刊巡回展”“核电科普巡回展”等。

5. 按展览展销活动的期限分类

按展览展销活动的期限分，可以分为长期展览会、周期性展览会和短期展览会。

（1）长期展览会。

长期展览会有比较固定和稳定的内容，包括样品陈列、文物展览等，如首都博物馆、内蒙古博物院等长年稳定地进行展览。

（2）周期性展览会。

周期性展览会是定期举行的，如中国进出口商品交易会（广交会）。

（3）短期展览会。

短期展览会也称作一次性展览，这是一种展出时间短，展览结束后即行拆除的展览会，如“秋季服装展销会”“杭州丝绸展销会”等。

二、展览展销活动的组织程序

（1）确定展览展销活动的主办单位、承办单位和协办单位。

（2）进行筹备工作。

（3）举行开幕式。

（4）正式开展展览展销活动。

（5）举行闭幕式。

（6）进行展览展销活动的处理工作（如效果评估测定）。

三、举办展览展销活动时应注意的问题

举办展览展销活动是一件比较复杂的工作，为了保证展览会顺利进行，组织举办展览展销活动时应注意以下问题：

（一）明确主题和目的

任何公关活动都必须首先明确主题和目的。只有明确了主题和目的，对于展览展销活动的组织者来说才便于组织参展商，也便于策划本次展览的方方面面；对于参展组织来说，才便于选择展览展销活动，确定是否参展。

（二）确定参展单位和项目

参展单位和项目的多少直接决定展览展销会的规模。举办展览展销会的单位在明确主

题和目的后，就应向有关组织发邀请函和公开发布广告，广告的发布可通过电视、报纸、网络等大众媒体进行。邀请函和广告一般应写清楚本次展览展销活动的主题、目的、时间、地点、条件、参观对象、要求、费用预算等。

总之，在展览展销会开始前一定要确定有多少个参展单位（通过收到的回执单统计），有多少种项目参展，以便进一步准备。

（三）明确参展商和参观者的类型

在展览展销会的策划阶段，就应该对参展商和参观者的性质、层次、范围、数量、需求特点进行分析预测，以决定展览的地点、规模、传播形式、接待规格和收费标准等。

（四）选择展览地点和场地

展览地点和场地应选择在交通方便、辅助服务设施完备、安全保卫系统有效的地方，展览场地和环境设定要与展览主题和内容相吻合。展览场地的大小视规模而定，如小型展览会的地点通常选择在车站的候车室、图书馆门厅、酒店的大厅等，而微型的袖珍展览的地点则可选择商品橱窗和流动的展览车等。

（五）培训工作人员

展览会工作人员的素质和能力直接影响着展览效果，因此，必须对展览会的工作人员，如讲解员、接待员、服务员等进行与展览有关的专业知识培训，进行传播沟通能力和礼仪礼貌等方面的公关培训。特别是大型展览会，其对工作人员的要求比较高，不仅要求工作人员具备良好的公关技能，而且还要求他们熟悉和掌握展出项目的内容、参展单位的概况甚至详细情况，以便回答参观者提出的各种询问。总之，这些工作人员应从举止、语言、服饰到专业知识，都能使参观者感到满意。

（六）成立专门的新闻和接待服务机构

展览会的效果在一定程度上要靠媒介的传播，展览会要有专门机构和人员负责新闻工作，负责广告及一切宣传事物，如宣传海报、幻灯片、录像片、宣传小册子。另外，要有接待机构负责有关参展者、参观者的来访、咨询、投诉，负责饮食、医疗、安全保卫、交通、保险等事宜，甚至对大型展览而言，还要附设负责产品的订购、文书、邮政、通关、商检、运输等配套服务机构。

（七）设计相关物品

设计制作展览徽记，以及相关的纪念品、入门券、工作人员的胸卡等。

（八）制定展览会的经费预算

展览会的费用一般包括：（1）场地费用，如场地租金、水电费；（2）设计装修布展费用；（3）职员费用，如所有工作人员的薪金、伙食费、车费等；（4）宣传费用，如刊登广告、印刷宣传品、联络记者的费用等；（5）保险费；（6）运输费；（7）交际费；（8）不可预算费用（一般为5%～10%）。

（九）设计布展

设计布展从某种意义上来说是企业商品的扩展延伸，大型布展设计质量的高低，直接影响企业参展的成功与否。设计者应准确地把握企业与商品的所有信息，以帮助参展企业抓住市场机遇，树立优良形象。一般请专业人士设计、布局，总的要求是与展品密切相关，追求新、奇、特、艺术性，创造宣传效果和销售环境，吸引参观者的眼球，展示企业形象。

（十）安排有关配套活动

在展览展销会的举办过程中，可安排一些可视性和趣味性较强的配套活动，运用一些公关技巧，使展览展销会办得生动活泼、别具一格。比如举办书展时请名人、作者当场签名售书，以吸引更多的群众前往参观，也给记者提供好素材。另外，还可以组织有奖测验、有奖销售、门票抽奖活动，组织外地参展商参观本地风景名胜等，以提高人气，活跃展览会气氛。

（十一）展览展销活动的效果测定

可以运用咨询台、意见簿、座谈会、电话访问、问卷调查、有奖测验、新闻分析等方法了解展览展销活动的效果。如果是贸易性的展览，可以从贸易成交额或订货量来分析展览展销活动的效果。

【思考练习】

1. 单选题

（1）按展览展销活动的性质分，可以分为贸易性展览会和（　　）。

A. 室内展览会　　　　B. 专业专题性展览会

C. 综合性展览会　　　D. 宣传性展览会

（2）（　　）是企业通过举办展览展销去推展企业的产品或服务的一种专题活动类型。

A. 会展活动　　B. 促销活动　　C. 贸易活动　　D. 营销活动

2. 判断题

（1）展览展销活动组织程序的第一步是组织开幕式。（　　）

（2）举办展览展销会时可运用一些公关技巧，使其办得生动活泼、别具一格。（　　）

（3）宣传性展览会的特点是重在宣传，没有商业色彩。（　　）

3. 简答题

（1）展览展销活动的特点有哪些？

（2）简述展览展销活动的组织程序。

（3）举办展览展销活动时应注意哪些问题？

项目六

危机公关

任务一　危机公关处理的对策

【任务目标】

1. 了解危机公关处理的相关概念
2. 掌握危机公关的目标与原则
3. 了解危机沟通管理的策略和理论
4. 熟悉危机公关处理的对策

【任务情景】

M公司公关部网络舆情监控员发现，某网络自媒体发表了一篇不利于M公司的文章，文章对M公司产品的质量和效果用似是而非的数据进行歪曲，题目耸人听闻，影响极其恶劣，到目前为止，网络转发量已经过千，经销商已经就此事向公司提出质疑。M公司领导听到汇报后，高度重视此事，责令公关部积极应对。公关部的刘经理就此事成立危机公关处理小组，刘经理需要针对此次危机事件可能带来的危害，拟定危机公关处理对策。

【任务分析】

1. 实操任务

拟定危机公关处理对策。

2. 实操准备

（1）学生在教室或实训室进行危机应对模拟活动。

（2）硬件准备：计算机、打印机、A4 打印纸等。

3. 实操要求

（1）危机公关应对策略要符合公司行业特征，对危机所处的生命周期进行分析。

（2）针对危机可能给公司利益方带来的危害做出应对策略。

（3）形成文字，录入计算机，并按照规定的排版格式进行排版，符合写作要求，格式规范。

（4）各项任务完成后，学生之间互相评价并打分，也可轮流展示自己的作品，并做好记录工作。

【任务实施】

拟定危机公关处理对策

<table>
<tr><th>工作目标</th><th>学会拟定公司危机公关处理对策</th><th>实操时间</th><th>1 学时</th></tr>
<tr><td>工作内容</td><td colspan="3">1. 分析危机特征及可能产生的危害
2. 分析对相关利益方的影响
3. 提出对危机的应对策略</td></tr>
<tr><td>提交文件</td><td colspan="3">公司危机公关对策</td></tr>
<tr><td>工作心得</td><td colspan="3"></td></tr>
</table>

【任务考评】

危机公关处理对策考评表

<table>
<tr><td>考评人</td><td colspan="2"></td><td>被考评人</td><td colspan="2"></td></tr>
<tr><td>考评地点</td><td colspan="5"></td></tr>
<tr><td>考评内容</td><td colspan="5">危机公关处理的对策</td></tr>
<tr><td colspan="4">考评标准</td><td>标准分值</td><td>得分</td></tr>
<tr><td colspan="4">危机分析的准确性和全面性</td><td>20 分</td><td></td></tr>
<tr><td colspan="4">对危机影响的利益方分析的客观性和全面性</td><td>30 分</td><td></td></tr>
<tr><td colspan="4">危机应对策略的合理性和可行性</td><td>30 分</td><td></td></tr>
<tr><td colspan="4">其他注意事项考虑周全</td><td>10 分</td><td></td></tr>
<tr><td colspan="4">工作心得（问题与收获）</td><td>10 分</td><td></td></tr>
<tr><td colspan="4">合　计</td><td>100 分</td><td></td></tr>
</table>

【理论要点】

一、危机公关处理的相关概念

(一) 危机

“危机”从字面上看，既包含“危”——危险和危难，也包含“机”——时机、机遇和转机，因此“危机”的危险性和机遇性是同在的。危机往往是矛盾和问题积累到一定程度的突然爆发，而避免危机再次发生最有效的办法，就是建立一套新的更加完善的制度机制作为保证，将危机的风险降到最低程度。经济学中有一个原理，叫作“创造性破坏”，即只有破坏原有的经济机制，方有可能创造新的经济机制，否则经济就难有更大的发展[①]。

(二) 公关危机

公关危机即公共关系危机（public relations crisis），是一种特殊的危机状态。现代公共关系理论认为，公关危机一般是指某一组织与消费者、新闻媒体、政府等公众之间因为某种非常因素引发的对于该组织的声誉、形象和发展造成不良影响的非常状态。总而言之，公关危机是一种社会组织公共关系状况严重失调的反映，可分为关系危机、舆论危机、形象危机、信誉危机、经营危机等。

作为危机的一种，公关危机在具备危机的几大基本特征即突发性、紧迫性、不可预测性、危害性和双重性等的同时，其最大的特点就在于聚焦性，也就是公众舆论的关注性。这一特性在网络时代尤为突出。

公关危机的诱发因素与影响因素包括：危机事件本身的严重程度和对社会公众的影响程度，管理者对危机的认识和重视不足、处理不当，缺乏统一、权威、规范的信息而造成公众的恐慌、质疑等负面情绪。

(三) 危机公关

常见的危机公关是指在组织面临危机时，采用一系列措施应对危机，减少危机事件给企业带来的负面影响。但是，在现代社会，传统意义上的危机公关已经不足以满足需求，需要全面、系统地对危机本身、危机所处的生命周期及特征、产生危机的原因、危机带来的风险等进行分析，针对危机特征制定和实施危机公关处理方案，进行有效的危机沟通，从而预防下一次危机的到来。

这里所指的危机公关，实质上就是指危机管理，其核心就是危机沟通。为了预防和控制危机而对内对外进行有效的沟通，是政府、社会组织必须学会和实施的一个动态的、循环往复的管理过程，是一个多主体、全方位、持续改进和完善的过程。这包括从最初的常

---

① 吴群红，郝艳华. 与危机共舞——突发公共卫生事件管理方略. 北京：科学出版社，2010：70.

态管理中危机意识的建立，对危机潜在危险因素的预防，到对可能出现的危机的全方位防范措施准备，在危机尚未来临时预测危机，尽可能地阻止危机的发生，再到危机发生过程中的高效应对、处理和沟通，实现临危制变、驾驭危机、转危为安，最后到对危机的认真评价，从中汲取相应的经验和教训，构建一个学习型的社会和组织，在危机中发现机会，不断发展壮大，实现可持续发展的长远目标。

二、危机公关的目标与原则

（一）危机公关的目标

危机公关的目标是：预防和控制危机，通过科学的监控和预测体系，建立危机预案，在危机进一步发展时，能够控制危机发展进程；建立危机管理体系，通过有效的危机沟通管理，在危机来临时，运用有效的公关处理方案，解决危机，消除危机给组织带来的影响，转危为安，实现自我发展。

在制定危机公关处理方案前，需要根据组织特征判定危机的生命周期及影响，评估危机公关处于哪个阶段（如图 6－1 所示），以便制定相应的危机公关处理方案。在危机公关处理过程中，及时、主动、真诚、有效的危机沟通管理是最核心的内容。危机公关处理应该是个全过程管理，循环往复，没有固定的起点和终点，应该贯穿组织运营始终，最终目的是要预防和控制危机，减少危害，使组织能够实现持续良性运营。

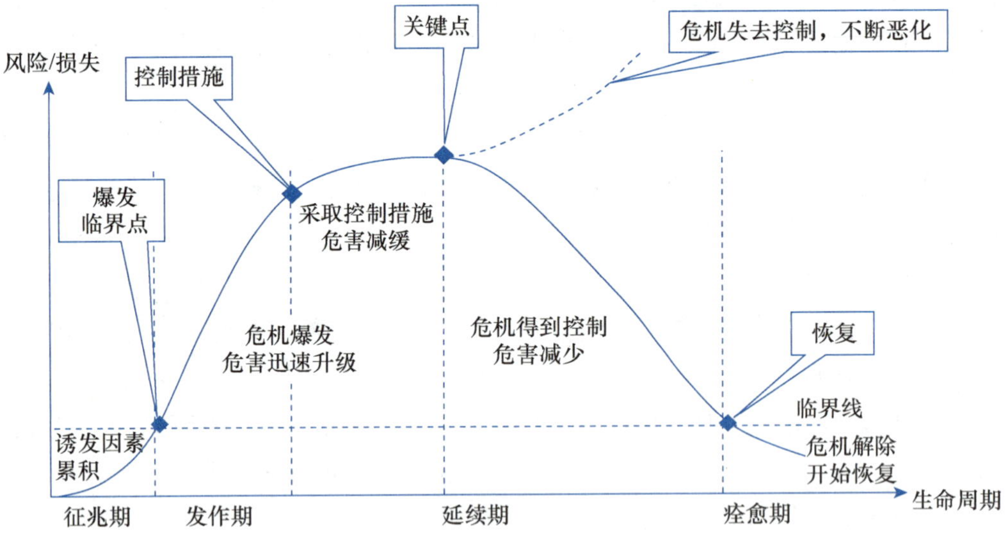

图 6－1　危机生命周期及各个时期的特征

（二）危机公关的原则

1. 预防为主

现代社会中，大多数人将危机公关等同于危机应对，事实上如果不采取措施有效应对，危机可能给组织带来灭顶之灾。但是，可悲的是，危机不是只有一次，也不是偶然出现的，大多数情况下，它是企业管理由内至外的管理死角带来的，如果企业从预防角度，建立一套规范、全面的危机管理系统，大部分危机都是可以通过预防来化解的。从经济学角度而言，预防与控制是“性价比”最高的方法；从管理的本质上来讲，预防是危机公关最基本、最重要的要求。

2. 系统性与具体化统筹兼顾

危机公关是一个组织防控力量与危机损害力量进行抗争、极力减少损失的过程，这一过程只有通过全系统的通力合作才能完成。危机管理计划体系是一个总目标明确、职责分明、重点环节有据可依、操作性强的有机整体。

3. 迅速反应

解决危机，速度是关键。管理者在危机发作期、延续期做出快速反应，能有效减少危机的覆盖面，降低其危害。实现快速反应的最重要一点是坚持第一时间原则：第一时间分析危机类型，启动相应危机预案；第一时间组织和调查事件真相；第一时间主动和媒体进行信息交流、沟通，将组织掌握的资讯和采取的措施及时告知公众；第一时间处理危机、安抚民众等。

4. 真诚沟通

在网络无处不在的信息时代里，危机一旦爆发将很快引发新闻媒体和公众的关注。此时，如果组织不能迅速查明真相，或是正常的传播渠道不畅，无法第一时间公布客观、真实的信息，将造成危机沟通中的信息真空，公众就会想象或者用各种小道消息来填满所有的设想。各种不实或夸大的传言不仅会极大地降低危机公关的效率，更会造成难以弥补的危害。

因此，在危机发生后，建立高效通畅的危机沟通渠道并确保其有效运行至关重要。真诚的沟通是有效化解危机影响的最佳手段之一。组织必须树立强烈的沟通意识，主动与新闻媒介联系，尽快与公众沟通，及时将事件的真相、处理进展传达给公众，以正视听，杜绝谣言、流言，促使双方互相理解，消除疑虑与不安，稳定公众情绪，争取社会舆论支持。

5. 尊重事实

任何组织在处理危机过程中，都必须坚持尊重事实这一原则，这是妥善解决危机的最根本原则。对于危机状态中的组织而言，失信于民无疑是致命伤。犯了错误并不可怕，可怕的是不敢承认错误。只有坚持实事求是，不回避问题，勇于承担责任，向公众表现出充分的坦诚，才能获得公众的同情、理解、信任和支持。违背尊重事实的原则，试图通过弄虚作假、封锁消息等手段愚弄公众，往往会产生一系列连锁反应，进一步加重危机的负面影响。

6. 灵活创新

危机公关既是一门科学，又是一门艺术。从危机爆发前的预防、发生后的应对到后期处理的各个环节，危机管理提供了一整套系统的核心原则、基本程序和规则，但公关人员绝不能刻舟求剑、照本宣科。危机的动态性与不确定性决定了危机管理无绝对统一的模式可以照搬。在进行危机管理时，既要根据理论的指导和他人的成功经验，也要根据危机的实际情况，尤其要借助新技术、新信息和新思维，进行大胆创新。

三、危机沟通管理

（一）危机沟通管理的策略

在西方国家的教科书中，通常把危机管理（crisis management）称为危机沟通管理（crisis communication management），其原因在于：危机状态下信息的沟通在危机管理过程中起到了举足轻重的作用，妥善的信息沟通能够帮助组织获取公众的信任和支持。由此可见，加强信息披露与公众沟通、争取公众的谅解与支持是危机公关的核心。

危机沟通中要将公众利益置于首位，沟通要及时、主动、诚信、有效。当危机发生时，组织应立即成为第一消息的可靠来源，掌握对外发布信息的主动权，居安思危，预防为主。

危机沟通策略与危机公关在操作层面上是一致的，因此，美国福莱灵克公关咨询公司特别情况小组所创立的危机公关公式同样适应于危机沟通。这个公式就是：(3W＋4R) 8F＝V1 或 V2。这个公式被誉为危机沟通成功的“金科玉律”，如表 6－1 所示。

表 6－1　(3W＋4R) 8F＝V1 或 V2 危机公关公式

<table>
<tr><td colspan="2">结果：V1 或 V2</td></tr>
<tr><td>已经发生的情况（3W 策略）</td><td>将要做的事情（4R 策略）</td></tr>
<tr><td>3W 策略的含义是指在危机沟通中，管理者需要尽快做到的三件事：
①What did we know（我们知道了什么）；
②When did we know about it（我们什么时候知道的）；
③What did we do about it（我们对此做了什么）。</td><td>4R 策略的具体含义如下：
①regret（遗憾）：表达遗憾的态度；
②reform（改革）：保证解决措施到位；
③restitution（赔偿）：提供赔偿；
④recovery（恢复）：尽快从危机中恢复，并防止未来相同事件的发生。</td></tr>
<tr><td colspan="2">8F 策略</td></tr>
<tr><td colspan="2">8F 策略叙述了沟通时应该遵循的八大原则，其具体含义分别如下：
①factual（真实）：向公众传达事情的真相；
②first（第一）：第一时间对问题做出反应；
③fast（速度）：迅速果断地处理危机；
④frank（坦率）：沟通情况时要表现出真诚，不要躲躲闪闪；
⑤feeling（感觉）：与公众分享你的感受；
⑥ forum（论坛）：在组织内部建立一个最可靠的准确信息来源，获取尽可能全面的信息，以便做出正确的分析判断；
⑦flexibility（灵活性）：对外沟通的内容不是一成不变的，时时关注事态变化并酌情应变；
⑧feedback（反馈）：对有关危机的信息做出及时反馈。</td></tr>
</table>

如果正确执行了3W、4R和8F，那么组织就会成为V1（victim），即“勇于承担责任者”。公众将认为组织敢于负责任、具有社会责任感，组织将获得公众的理解和原谅。相反，如果没能很好地执行3W、4R和8F，组织则很可能会被当作V2（villain），即“小丑和恶棍”。公众将认为组织敷衍了事和逃避责任，组织的信誉度将严重受损，这最终会导致组织在危机中消沉甚至没落。

（二）危机沟通管理的理论

历年来不同学界的诸多学者对危机沟通进行了深入探索，从传播学、社会学、管理学等不同角度提出了许多经典的危机沟通理论（见表6-2），不但进一步细化和深化了危机沟通管理学科，同时也为组织提供了在实际操作中可以借鉴的实践策略。

表6-2　经典的危机沟通理论

理论	核心内涵
企业辩护理论	危机发生后，组织或企业通过个人发言人，运用语言技巧为组织利益辩护，之后发展为个人发言人的沟通形式。
形象修复理论	个人或组织最重要的资产是其声誉，就像其他有价值的资产一样，应该从战略高度去维护。提出五大战略方法，分别是：否认、逃避责任、从各个方面减少错误行为传播的范围和程度、亡羊补牢和自责。
阶段分析理论	以芬克的危机生命周期理论为基础；有效的危机传播需要使传播的内容满足公众在危机发展的不同阶段的需求。
卓越理论	公共关系学中的经典理论，分为四种不同模型——新闻代理模型、公共信息模型、双向非对称理论模型和双向对称模型，阐述了不同形式的信息传播模式的特征。
焦点事件理论	突然发生的、不可预知的事件（焦点事件）具有极大的冲击力，能唤起公众的注意力，并且在制定公共政策方面更容易被人接受。

危机管理中常见的问题包括：缺乏危机意识、麻痹大意，隐瞒事实、粉饰太平，惯性思维、墨守成规，放松警惕、“好了伤疤忘了疼”，盲目乐观、过于自信，主客颠倒、不分轻重缓急，虚与委蛇、不能以诚相待，推三阻四、不敢承担责任，过度依赖政府、缺乏对公关危机综合治理的重视。

四、危机公关处理的对策

针对不同生命周期的危机，组织应当采用不同的危机处理对策。危机公关处理过程实际上是风险预防和控制的循环往复，公关危机处理没有固定的模式。这里所谓的对策，因组织面临的危机种类不同，周期不同，危害不同，从某种意义上来说，仍然是一种原则性的提示，一种理论上的思路[①]。

（一）组织内部的对策

公共关系管理部门根据危机所处的生命周期和潜在风险，决定是否成立危机管理小

① 谢红霞．公共关系原理与实务．大连：东北财经大学出版社，2014：182.

组，可根据危机发展和解决情况在该小组的基础上增减人员。

在危机由征兆期转向发作期时，如果事先没有设置与危机管理小组相似的专门机构，需要立即组织成立。这个专门小组的组长应由企业负责人担任，公关部的成员必须参加这一机构，并会同各有关职能部门的人员组成一个有权威性、有效率的工作班子。

第一，了解情况，进行诊断。成立专门小组，迅速而准确地把握事态的发展，判明情况。确定危机事件的类型、特点，确认有关的公众对象。

第二，制定处理危机事件的基本原则、方针、具体的程序与对策。

第三，急速告知需要提供援助的部门，共同参与急救。

第四，将制定的处理危机事件的基本原则、方针、程序和对策通告全体职工，以统一口径，统一思想，协同行动。

第五，向传媒人士、社区意见领袖等公布危机事件的真相，通报企业对该事件的态度和将要采取的措施。

第六，危机事件若造成伤亡，一方面应立即进行救护工作或进行善后处理，另一方面应立即通知其家属，并尽可能提供一切条件，满足其探视等要求。

第七，如果是由不合格产品引起的危机事件，应不惜一切代价立即收回不合格产品，或立即组织检修队伍，对不合格产品逐个检查。通知有关部门立即停止出售这类产品。

第八，调查引发危机事件的人士，处罚事件的责任者，并通告有关各方。

（二）受害者对策

如果涉及受害者，组织要针对受害者的状况，进行有效的危机沟通。

第一，认真了解受害者情况后，诚恳地向他们及其家属道歉，并实事求是地承担相应的责任。

第二，耐心而冷静地听取受害者的意见，包括他们要求赔偿损失的意见。

第三，了解、确认有关赔偿损失的规定，制定处理原则。

第四，避免与受害者及其家属发生争辩与纠纷。即使受害者有一定责任，也不要在现场追究。

第五，避免出现为自己辩护的言辞。

第六，向受害者及其家属公布补偿方法与标准，并尽快实施。

第七，应由专人负责与受害者及其亲属的联络，要慎之又慎地接触。

第八，给受害者安慰与补偿，并尽可能提供其所需的服务，尽最大努力做好善后处理工作。

（三）新闻界对策

第一，如何向新闻界公布危机事故，公布时如何措辞，采用何种形式，怎样有计划地披露有关信息等，应事先达成共识，统一口径。

第二，成立临时记者接待机构，由专人负责发布消息，集中处理与事件有关的新闻采访，向记者提供权威的资料。

第三，为了避免报道失实，向记者提供的资料应尽可能采用书面的形式。介绍危机事件的资料应简明扼要，避免使用技术术语或难懂的词汇。

第四，主动向新闻界提供真实、准确的消息，公开表明企业的立场和态度，以减少新闻界的猜测，帮助新闻界做出正确的报道。

第五，必须谨慎传播。在事情未完全明了之前，不要通过媒体对事故的原因、损失以及其他方面的任何可能性进行推测性的报道，不轻易地表示赞成或反对的态度。

第六，对新闻界表示出合作、主动和自信的态度，不可采取隐瞒、搪塞、对抗的态度。对确实不便发表的消息，亦不要简单地表达“无可奉告”，而应说明理由，求得记者的同情和理解。

第七，不要一边向记者发表敏感言论，一边又强调不要记录。

第八，注意以公众的立场和观点来进行报道，不断向公众提供他们所关心的消息，如补偿方法、善后措施等。

第九，除新闻报道外，可在刊登有关事件消息的报刊上发表致歉信息，向公众说明事实真相，并向公众表示道歉及承担责任。

第十，当记者发表了不符合事实真相的报道时，应尽快向该报刊提出更正要求，并指明失实的地方。向该刊物提供全部与事实有关的资料，派重要发言人接受采访，表明立场，公平处理，特别应注意避免产生敌意。

（四）上级部门对策

第一，危机事件发生后，应以最快的速度向企业的主管上级部门实事求是地报告，争取其援助、支持与关注。

第二，在危机事件的处理过程中，应定期汇报事态发展的状况，求得上级主管部门的指导。

第三，危机事件处理完毕后，应向上级主管部门详细地报告处理的经过、解决方法、事件发生的原因等情况，并提出今后的预防计划和措施。

（五）有业务往来单位的对策

第一，危机事件发生后，应尽快如实地向有业务往来的单位传达事件发生的消息，并坦诚地表明对该事件的态度。

第二，以书面的形式通报正在或将要采取的各种对策和措施。

第三，如有必要，还可派人直接到各个单位去面对面地沟通、解释。

第四，在事件处理完毕后，应用书面的形式表示歉意，并向理解和援助的单位表示诚挚的谢意。

（六）消费者对策

第一，迅速查明和判断消费者的类型、特征、数量、分布情况等。

第二，通过不同的传播渠道向消费者散发说明材料。

第三，听取不同消费者对事故处理的意见和愿望。

第四，通过不同的渠道公布事故的经过、处理方法和今后的预防措施。

（七）消费者团体对策

第一，所有的对策、措施，都应以尊重消费者权益为前提。

第二，热情地接待消费者团体的代表，回答他们的询问、质询。

第三，不隐瞒事件的真相。

第四，及时与消费者团体中的意见领袖进行沟通、磋商。

第五，通过新闻媒介向外界公布与消费者团体达成一致的意见或处理办法。

（八）社区居民对策

第一，社区是企业生存和发展的基地，如果危机事件给社区居民带来了损失，企业应组织人员专门向其致歉。

第二，若危机事件的性质恶劣，也可派人到每一户人家中分别道歉。

第三，向全国性的大报和有影响力的地方报刊发致歉信，明确而鲜明地表达企业敢于承担社会责任、知错必改的态度。

第四，必要时，应向社区居民赔偿经济损失或提供其他补偿。

除上述关系对象外，还应根据具体情况，分别对事件有关的交通、公安、市政、友邻单位等采取适当的传播对策，通报情况，回答咨询，调动各方面的力量，协助企业尽快度过危机，将企业形象受损控制在最低限度。

【思考练习】

1. 单选题

（1）一个危机的出现是不良因素由量变到质变作用的结果，它说明危机具有（　　）。

A. 危害性　　B. 偶然性　　C. 层次性　　D. 可变性

（2）（　　）是控制潜在危机花费最少、操作最为简捷的办法。

A. 制订应急计划　　B. 认识公关危机

C. 制定危机解决方案　　D. 进行预警学习

（3）沟通的四大法宝是：（　　）、主动、诚信、有效。

A. 及时　　B. 预防　　C. 态度　　D. 计划

2. 判断题

（1）在企业出现公关危机时，不能如实向公众反映全部情况。（　　）

（2）危机公关的任务是预防危机、应对危机、解决危机以及转化危机，其行动包括控制事态、维持稳定、协调关系、重塑形象等多方面措施。（ ）

（3）危机公关的目的在于最大限度地减少危机对组织和社会的危害，帮助组织控制和化解危机的局面，维护组织的形象和声誉。（ ）

（4）危机管理的主体是企业。（ ）

（5）危机公关是危机主体在一个时间序列中采取的一系列决策、行为的总和。（ ）

3. 简答题

（1）如何对危机进行防范和处理？

（2）简述危机沟通的原则。

（3）危机公关的目的是什么？

4. 情景题

（1）某生物公司突然被网络曝光，其生产的狂犬病疫苗导致数名儿童死亡，媒体记者闻讯而来，如果你是该公司公关部经理，该如何应对？公司组建了企业危机管理小组，由你负责，开展工作时应考虑哪些因素？

（2）你是京东网络购物平台上某品牌绿色农特产品网店的店主，最近被投诉销售的产品不符合食品安全标准，并被其中一个顾客诉诸法律，你如何应对？

任务二 危机公关处理方案的制定与演习

【任务目标】

1. 认识危机公关处理方案制定的重要性
2. 学会制定危机公关处理方案
3. 能够通过演习，发现危机公关处理方案中的问题并予以修正完善

【任务情景】

E公司是一家玩具生产厂商，产品销售遍及全国，产品质量上乘，一直受到消费者的信任。今年7月6日，突然被媒体曝光其所生产的一款玩具娃娃有对儿童发育不利的成分。经过调查，发现是玩具娃娃眉毛上的颜料有问题，因颜料用量极少，同时，国内相关法律对此没有具体要求，质量检验部门忽略了此项检验工序，产品出厂时未经安全检验，导致该事故的发生。李经理是公司公关部负责人，被公司领导责令迅速制定公关处理方案。为了妥善应对危机，公司高层决定针对危机应对进行危机公关处理演习。

【任务分析】

1. 实操任务

(1) 制定危机公关处理方案。

(2) 模拟演习危机公关处理活动。

2. 实操准备

(1) 本实操任务可在教室或实训室等场所进行。

(2) 硬件准备：计算机、打印机、A4 打印纸，以及演习道具等。

3. 实操要求

(1) 学生分组讨论、制定危机公关处理方案。

(2) 小组选择一个成员对方案进行说明，要求三分钟内完成方案说明和答疑互动。

(3) 分组进行，每4～5个学生一组，为组员分配不同任务。每组学生先讨论扮演角色的职责、目标、技巧和效果，然后模拟真实情绪和反应，投入真实的感情进行演习。

(4) 学生演练完毕，教师进行点评。

【任务实施】

1. 制定危机公关处理方案

工作目标	掌握危机公关处理方案的制定	实操时间	2 学时
工作内容	1. 分析危机公关处理方案涉及内容（包括危机公关处理的目标和任务、危机公关处理的沟通方式、建立危机公关处理小组、危机公关处理的财物资源准备、法律和金融上的准备、危机的应变指挥程序、危机公关处理措施等） 2. 制定危机公关处理方案		
提交文件	危机公关处理方案		
工作心得			

2. 模拟演习危机公关处理活动

工作目标	模拟演习危机公关处理活动	实操时间	1 学时
工作内容	1. 组织演习 2. 执行演习 3. 总结演习 4. 修正危机公关处理方案		

续表

提交文件	
工作心得	

【任务考评】

危机公关处理方案的制定与演习工作考评表

考评人		被考评人	
考评地点			
考评内容	危机公关处理方案的制定与演习		
考评标准		标准分值	得分
危机公关处理方案内容全面、格式规范		30 分	
模拟演习危机公关处理活动组织完善、效率高		30 分	
对演习过程中遇到的问题处理得当		10 分	
实训过程中态度认真，积极配合		10 分	
其他注意事项考虑周全		10 分	
工作心得（问题与收获）		10 分	
合　计		100 分	

【理论要点】

一、危机公关处理方案制定的重要性

（一）全面分析危机特征及影响

通过制定危机公关处理方案，可以全面分析危机特征及可能带来的影响，科学确定公关处理的目标和任务，根据行业和企业特征，有序调动组织资源，进行及时、有效的危机沟通，最大限度地降低危机带来的负面影响。

（二）形成管理文件

危机公关处理方案不是针对某一次危机公关提出的解决方案，它应是管理的一个组成部分，危机的产生固然受偶然因素影响，但更多的是考验企业的管理能力和应对能力。制定危机公关处理方案，一方面形成书面沟通材料，让处于危机中的组织有应对策略；另一方面通过在应对过程中发现现有的管理文件存在的问题，改进方案，逐步形成科学合理全面的应对方案，整体提升企业的管理能力和应对能力。

（三）预防危机

危机管理的终极目标是预防危机，制定危机公关方案，实质上就是盘点企业危机管理资源，使危机处理常态化、规范化，消除危机于日常管理之中。如果将危机意识贯穿于日常管理当中，警钟长鸣，采取有效行动，提升管理质量，危机也就不称为危机了。

二、危机公关处理方案的制定

（一）封面

封面包括方案的名称、生效日期和文件版本号等。

（二）正文

危机公关处理方案的正文一般包括以下七项内容：

（1）危机公关处理的目标和任务。主要针对危机发生的背景情况，提出危机公关处理的预期目标和具体任务。

（2）危机公关处理的沟通。危机公关处理的核心是有效的危机沟通，是保持对信息流通的控制权。危机公关处理的沟通原则包括员工沟通、与受害者的沟通、与公众的沟通、与媒体的沟通、与政府的沟通、与股东和债权人的沟通、与供应商和经销商的沟通、与竞争对手的沟通等。

（3）建立危机公关处理小组。确定首席危机官或危机处理负责人；确定危机公关处理小组的组成人员，并对各成员的权利和职责进行描述和界定；确定人员替补方案及计划变通方案，以防在危机处理过程中，危机处理小组成员因故不能履行职责；确定外部专家组成人员。

（4）危机公关处理的财物资源准备。危机公关处理的预算，包括危机公关处理小组的日常运转费用，危机公关处理设备的购买、租赁、维护和储备的费用，以及危机公关处理方案实施的费用等。

（5）法律和金融上的准备。即紧急状态下在法律和金融方面的求助程序。

（6）危机的应变指挥程序。界定不同的危机应变的方式和危机管理人员的应变职责，包括：危机管理程序；危机应对方案，即如何减少损失和消除负面影响；危机公关处理小组成员工作的原则和程序；信息汇报制度；决策制度；人、财、物的调度制度；内部和外部沟通制度和程序；求助程序，即向哪些机构或组织寻求帮助。

（7）危机公关处理措施。针对可能发生的各类问题及可能面对的对象，如消费者、受害者、政府、媒体、社区公众、内部公众等制定行之有效的危机公关应对措施。

（三）附录

美国危机管理专家罗伯特·希斯（Robert Heath）把附录部分称为 PACE 清单。P 指

preparation，即准备；A 指 action，即行动；C 指 contact，即联络；E 指 equipment，即装备。附录部分一般包括四项内容：流程图、应用性表单、内部联络表、外部联络表。

（1）流程图：危机公关处理过程中各流程的图表。

（2）应用性表单：在整个危机公关管理程序所涉及的环节中必须应用的表单，如危机记录和监控表单、危机汇报表单等。

（3）内部联络表：危机公关处理负责人及小组成员的姓名、职位、联系方式及职责等。

（4）外部联络表：在危机处理过程中，外部相关组织（如政府、行业协会、媒体、银行、保险公司、供应商、经销商等）的联络方式。

三、危机公关处理方案的演习

对危机公关处理方案的演习是为了检验危机公关处理方案的可行性程度，修正不足。危机公关处理方案的演习一般分为以下四个步骤：

（一）组织演习

"凡事预则立，不预则废。"成功的演习需要认真的准备。演习之前的准备工作主要包括思想准备、建立指挥机构、设计步骤、制定检查表格、设立演习评定小组、落实相关物资等。

（二）执行演练

执行演练的过程就是把方案变成现实的过程。演练的具体时间应该保密，因为真正的危机来临是不会事先被确切预知的。在演练过程中，也可以随机再设计一些方案上原本没有的意外情况，以检查演习人员随机应变的能力。

（三）总结演习

演习结束后，需要尽快对有关人员或机构（包括直接参与危机演习人员、作为观察人的专家、评定小组、指挥机构、企业或组织高层领导等）进行总结。将总结在组织的内部印发，组织员工认真学习、讨论。还可组织大家就方案和方案演习中存在的问题提出建设性的建议，做到集思广益。

（四）修正方案

通过对演习做全面的总结，修正不足的、不符合实际的以及程序不优化的地方，从而使危机公关处理方案更加行之有效。

【思考练习】

1. 单选题

（1）制定危机公关方案是危机管理流程中的（　　）环节。

A. 计划　　B. 执行　　C. 控制　　D. 反馈

(2) 危机公关处理方案的演习包括(　　)、执行演练、总结演习和修正方案四个环节。

A. 制定演习方案　　B. 组织演习

C. 演习策划　　D. 人员准备

2. 判断题

(1) 危机公关演习是浪费人力、物力的无用行为。(　　)

(2) 危机公关方案是一次性方案，只适用于某个特定事件。(　　)

3. 简答题

(1) 危机公关方案包括哪些内容?

(2) 简述危机公关处理方案演习的步骤。

(3) 进行危机公关演习时应注意哪些问题?

任务三　危机公关处理中的媒体应对

【任务目标】

1. 了解危机公关处理中的媒体应对原则。
2. 掌握危机公关中与媒体沟通的注意事项。
3. 掌握危机新闻发言人工作的特点、应具备的技巧和与媒体沟通的黄金法则。

【任务情景】

重庆市W企业生产的皮鞋出了质量问题，在公关部门的积极应对下，企业制定了危机公关处理方案，经过整改和准备，拟与主流媒体就产品质量问题组织召开一场新闻发布会。白云因其出色的表达和应对能力被看作公关部门应对媒体的“利器”，被领导任命为企业新闻发言人，公关部的乔力负责组织召开新闻发布会。

为了完成此项任务，白云做了充分准备。经过调研，发现某主流媒体的记者经常会给新闻发言人设定语言陷阱，为了不被记者“牵着鼻子走”，白云决定与公关部的乔力合作演练“桥梁法”，提前分析该记者可能会使用的语言陷阱及“桥梁法”当中的应对技巧。

乔力在准备过程中发现，如果让白云了解整个新闻发布会的准备工作会提高白云应对媒体的能力，因此，乔力将准备材料、新闻发布会的组织方案、发布形式、新闻发言人出镜前的礼仪准备方案、发布会后的新闻稿件跟进情况与媒体反馈情况、新闻发布会预算等都告知白云，与白云充分沟通，力争配合白云做好新闻发布会的筹备工作。

【任务分析】

1. 实操任务

（1）运用“桥梁法”答记者问。

（2）组织召开危机事件新闻发布会。

2. 实操准备

（1）本实操任务可在教室或实训室等场所进行。

（2）硬件准备：计算机、打印机、A4打印纸、笔、横幅、座位牌、胸牌、照相机及召开新闻发布会所需的其他道具等。

（3）本实操任务可分组进行，每4～5个学生一组，分别扮演新闻发布会中的不同角色，可以通过抽签的方式决定每个学生的角色，学生可角色互换。

3. 实操要求

（1）模拟演示前认真考虑扮演角色的职责、目标、技巧和效果，然后模拟该角色的真实情绪和反应，投入真实的感情。

（2）展示小组成果时，每个小组用两分钟时间进行有效说明。

（3）学生演练完毕后，教师进行点评。

【任务实施】

1. 运用“桥梁法”答记者问

工作目标	掌握回答记者提问的语言技巧	实操时间	1学时
工作内容	1. 每个小组利用网络搜索至少一个公关危机媒体应对过程中使用“桥梁法”的案例 2. 分析记者提问的特点、可能的问题及运用“桥梁法”的技巧 3. 点评新闻发言人回答的效果，看是否达到确保新闻发言人始终保持话语主导权，不被记者“牵着鼻子走”的目标 4. 练习使用“桥梁法”的语言技巧		
提交文件			
工作心得			

2. 组织召开危机事件新闻发布会

工作目标	组织召开危机事件新闻发布会	实操时间	2学时
工作内容	1. 准备材料包括：媒体材料——新闻通稿、事实资料页、背景介绍材料、音像图片材料，发布方材料——口径材料、6分钟以内的现场发布词、新闻发布要点提示 2. 新闻发布会的组织方案。包括：媒体名单、邀请出席的媒体分析报告、通知记者事宜、会场布置、现场设备调试、会场工作人员的岗位安排方案 3. 确立发布形式，选择自主发布或搭台发布，准备资源 4. 新闻发言人出镜前的礼仪准备方案。包括：服饰装扮、肢体语言准备（表情、眼神、手势）、环境语言（PPT、图片展板，模型展示、视频放映）、接受采访和出镜注意事项、正确的媒体沟通观（克服敌对、平等尊重、明确角色） 5. 发布会后的新闻稿件跟进与媒体沟通反馈 6. 制作新闻发布会预算表		
提交文件	1. 新闻发布会组织方案 2. 新闻发言人出镜前的礼仪准备方案 3. 新闻发布会预算表		
工作心得			

【任务考评】

危机公关处理中的媒体应对工作考评表

考评人		被考评人	
考评地点			
考评内容	危机公关处理中的媒体应对		
考评标准		标准分值	得分
“桥梁法”问题准备充分合理，应对技巧得当		10分	
新闻发布会组织方案完善、合理，发布形式和相关人员安排妥当		30分	
新闻发布会费用预算合理		10分	
新闻发言人的语言和礼仪规范、有效		20分	
新闻发布会现场布置和安排科学合理		10分	
其他注意事项考虑周全		10分	
工作心得（问题与收获）		10分	
合　计		100分	

【理论要点】

一、危机公关处理中的媒体应对原则

（一）危机期间实现媒体有效传播的通用准则

（1）始终保持口径统一，避免相互矛盾的言论。

（2）不要给出未被授权或者不切实际的承诺。

（3）始终表现出对公众的关注和理解。

（4）始终强调为解决问题而正在实施的行动。

（5）尽快控制负面消息。

（6）始终向媒体、公众以及本组织内部的人及时传递最新消息。

（二）网络舆情应对原则

1. 沉默应对

沉默应对是一个客观、中性的舆情应对方法，本身不存在褒贬含义，是否应该运用沉默应对舆情要视具体情况而定，不能一概而论。适用沉默应对的几个情况为：

（1）规模很小，影响范围很小，传播性不强，不触及企业的核心利益的舆情事件。

（2）舆论热度即将走向平息的舆情事件。

（3）存在特别原因、影响巨大、不能公开披露信息的舆情事件。

（4）全国性、行业性、长期性存在的非企业自身原因造成的舆情事件。

2. 积极回应

积极回应是指在一般舆情事件发生伊始，在“黄金四小时”之内，舆论主体以官方身份，通过灵活的方式，主动做出公开回应的举措。积极回应的情况为：

（1）信息在事实上无法掩盖，如在法律法规上不能掩盖的舆情事件。

（2）通过积极、及时的回应可迅速平息的舆情事件。

（3）能够对企业的核心利益造成损害的谣言、诽谤和报道等。

（4）涉及公众利益、社会利益的舆情事件。

（5）需要公开透明处理的舆情事件。

3. 删帖

删帖是指舆论对象或主体通过各种方式将互联网上关于自己的负面信息删除的举措，包括以下三种：

（1）官方申请。企业以官方身份，发送公函或者律师函要求相关网站删除信息。

（2）私人关系。企业工作人员通过自己与网络媒体工作人员的私人关系删除信息。

（3）公关公司删除。付费给公关公司，委托其办理删帖事宜。

删帖的弊端是手段比较暴力，容易损害企业形象，容易引发舆论反弹和网友的愤怒情绪，不利于舆论引导，可能被公关公司利用，掉进圈钱陷阱，给企业造成多重损失。

删帖方式运用的情况有：违背事实，能够影响企业核心利益的谣言、传言和诽谤等信息；影响社会稳定、损害企业和公共利益的违法、违规信息；淫秽、色情、暴力、反动等违法内容的信息；能够充分证明是竞争对手蓄意制造的违法、违规信息等。

4. 网络舆情管理的具体做法

在现代社会，网络舆情管理对于组织已经成为常态化管理内容，一般来说有以下做法：

（1）加强日常监测。

（2）锁定主要渠道。

（3）将舆情内容进行分类。

（4）网络舆情的周期性监测。

（5）对舆情进行分析。

（6）敏感问题重点查办。

（7）组织网络发言人队伍。

（8）寻求意见领袖。

（9）加强与网民的沟通。

二、危机公关中应对媒体时应避免的一些陷阱

危机公关中应对媒体时应避免的一些陷阱包括：撒谎、推测、责备、猜测、说出受害人的姓名、纠缠于消极的辩解上（要多谈积极的解决方案）、失去冷静、说“无可奉告”、对媒体说希望自己的“话”不会被“记录在案”、准备仓促、与记者争辩、开不恰当的玩笑、延迟发布（不尊重记者的截稿时间）。

三、危机公关中与媒体沟通的注意事项

（一）信息沟通困境

危机发生后，组织往往面临媒体造成的诸多困境，包括：媒体的主观故意或客观失误造成报道偏差，形成以讹传讹的不利传播流；媒体穷追不舍、故意刁难；在突发的灾难现场，记者蜂拥而至，严重阻碍急救工作；捕风捉影被当作铁证如山，片面之词被视为权威解读；少数媒体的煽风点火引来众多媒体的一哄而上；组织的失误被无限放大，努力补救则被熟视无睹。

（二）信息发布要求

作为危机中的组织，应当注意：准确、及时地向媒体发布信息，让自身成为媒体的主要

信息源；避免同媒体发生冲突，合作而非对抗是压倒一切的任务；找到信息不畅节点，提供关键信息，解答关键问题；就事论事，谨慎发布意见；控制媒体活动范围，减少信息“渗漏”。

组织提供给媒体的信息，应该是在有效监测、科学评估和系统处理的基础上得来的。信息加工的过程包括：确定信息题材和内容，规划信息发布形式。

信息的题材和内容，要视媒体的需要、公众的需要和危机演进的现实而定，遵循主题先行、巧选角度、注重时效、受众本位、权威评价的原则。

在信息传播的过程中，要从人性出发，要经过逻辑、伦理和情感的检验，信息本身要言之以情、言之有物、言之有方、言之有序、言之有理。

四、危机新闻发言人

（一）新闻发言人工作的特点

（1）危机信息发布是在时间和信息有限的条件下进行的，除了尽量依靠团队的力量外，新闻发言人自身的分析、判断能力和应对能力显得更加重要。

（2）危机新闻发言人必须具有良好的心理素质和人格修养，特别是要能够承担巨大的压力。

（3）危机新闻发言人往往不能只设一个人，特别是重大危机中必须赋予多人以发言人的职责。

（4）危机新闻发言人所承担的任务，往往不仅限于新闻信息的发布。在危机信息的采集、加工、分析等诸多环节，在危机预警、处理以及恢复管理等不同阶段，新闻发言人始终担负着调研、策划、沟通和发布等多重任务。

（二）新闻发言人应具备的技巧

新闻发言人在发言时要表现出坦诚关爱、沉稳持重、有效回应、能够处理各种棘手问题的态度和专业水平。在应对记者的提问时，要能够摸透记者、避免紧张；态度真诚、话无漏洞；掌握技巧、从容应对。发言技巧中要能体现事先设立的战略目标，锁定目标受众，尊重受众情感，既要明确关键信息，还要能回避特殊问题，同时，还要提防消极暗示，避免落入语言陷阱，在沟通中快速过渡到主题，争取最多的支持者。新闻发言人在沟通过程中要注意公开经过授权并适于公开的内容，严格遵循公关过程中确定的沟通口径，坚决不能发布未提前规划和制定的信息。在与媒体沟通要点分布中体现出“361 特征”，即体现关心 30%的事情——我们密切关注……，突出行动 60%的事情——我们正在努力……，描绘远景 10%的事情——我们将……

（三）新闻发言人与媒体沟通的黄金法则

1. 必须清楚记者要什么

要向记者索要采访提纲、回收采访申请表，上网搜索了解记者。

2. 必须清楚要说什么

在接受采访或发言之前，要通过公共关系人员预测问题，制定口径，适当演练，制作要点验收单，实现“所问所答”与“所问非所答”的完美结合。

3. 兵贵神速，及时回应

注意快一点讲事实，谨慎点讲原因，事发两小时内必须发言，每天发布 2～3 次，优先主流媒体，兼顾其他发布渠道。

4. 临阵磨枪，稳健行事

不被媒体激怒，不冲动妄言，在两个小时内可临时准备发言或信息，谨慎对待甚至婉拒所有陌生电话采访。

5. 只传达精准和被授权的信息

不被记者的问题诱导，不要回答与事先确定的采访主题无关的问题，涉及敏感、保密的信息不予传达。

（四）运用“桥梁法”答记者问

所谓“桥梁法”是指发言人运用合适的过渡性言辞达到与记者沟通的目的。大体上可以概括为“表态—桥梁语—转移到核心信息”的模式，具体有三种方式：

(1) 如果对记者提问中传递的信息不持异议，可以说“是的（表态），但是除了你说的情况（桥梁语），还有……（转移到核心信息上来）”。

(2) 如果完全不能接受记者提问中传递的信息，可以说“不，情况并不是你说的那样，请允许我解释一下……（转移到核心信息上来）”。

(3) 如果记者提出的问题没有明确答案，可以说“关于这一点，我还没有得到更多的信息。不过，据说，所了解的情况是……（转移到核心信息上来）”。

使用“桥梁法”旨在突出核心信息，确保新闻发言人始终保持话语主导权，不让记者“牵着鼻子走”。常用的“桥梁语”有：

√ 我们真正关心的问题是……

√ 有必要在这里强调的是……

√ 我要提醒大家不要忽略……

√ 更重要的一点……

√ 大家最应记住的是……

√ 按照你的思路，我想到了另一个重要的问题……

√ 你说的不无道理，但除此之外，我想补充一点……

√ 这个问题不大，我们来着重分析其中的一个方面……

√ 不，你误会了我的意思。让我澄清一下……

√ 我们不妨换个角度来看这个问题……

√ 你说的让我想起了……

√ 你说的情况我还不太清楚，但据我所知……

√ 最为重要的是……

√ 我想再强调一下这个问题……

√ 今天我谈了不少问题，我想重点可以归纳为以下三个方面……

（五）与记者沟通的其他注意事项

与记者沟通要遵循以下原则：

（1）绝不抨击竞争对手，尽量避免谈论它们；

（2）慎重提及营业额、利润、股票等财务信息；

（3）不得谈论总部未公布的信息；

（4）不得对未公布的合并与收购信息进行评论；

（5）未经伙伴许可，不得公开合作细节和进展；

（6）永远不要议论或攻击媒体；

（7）不要对不同媒体进行公开比较，或贬低某些媒体。

与记者沟通的法则与忠告如表 6－3 所示。

表 6－3　与记者沟通的法则与忠告

沟通法则	忠告
媒体可以收买，但新闻不能	任何时候都不要期望操控新闻报道
对记者说的每一句话都有可能被媒体广泛传播	对记者只说该说的话，而不是全部
记者是我们的朋友，但不是商业伙伴	与记者的合谋是危险的，尤其是针对竞争对手
媒体扮演着“全知”的角色，但媒体不总是对的	善待媒体的错误报道，尤其是没有主观恶意的错误报道
追逐“坏消息”是媒体的一种本性，但不一定是恶意	极其冷静地看待和处理媒体的负面报道

【思考练习】

1. 单选题

（1）新闻发言人在发言时要表现出（　　）、沉稳持重、有效回应、能够处理各种棘手问题的态度和专业水平。

A. 坦诚关爱　　B. 维护企业　　C. 科学全面　　D. 严肃认真

（2）下列不属于网络舆情应对原则的是（　　）。

A. 沉默应对　　B. 删帖　　C. 积极回应　　D. 法律手段

2. 判断题

（1）危机新闻发言人在代表组织应对媒体时应及时准确、真实全面地向媒体反映企业情况。（　　）

（2）危机新闻发言人在与记者沟通时，应知无不言，言无不尽。（　　）

（3）危机新闻发言人应借竞争对手的丑闻来减少危机带来的影响。（　　）

3. 简答题

（1）“桥梁法”的桥梁语有哪些？

（2）危机期间实现媒体有效传播的通用准则是什么？

（3）与记者沟通的原则是什么？

参考文献

1. 洪长青，刘一书，张丽娟. 公共关系学. 北京：北京交通大学出版社，2014.

2. 张丽娟. 现代社交礼仪. 2 版. 北京：清华大学出版社，2012.

3. 弗雷泽·P. 西泰尔. 公共关系实务：第 13 版. 潘艳丽，陈静，等译. 北京：清华大学出版社，2017.

4. 丁军强. 公共关系原理与实务. 北京：清华大学出版社，2012.

5. 魏振香，王爱玲. 公关关系理论与实务. 青岛：中国石油大学出版社，2014.

6. 吴爱明，樊建廷. 商业公共关系实例. 天津：天津科技翻译出版公司，1990.

7. 肖辉. 实用公共关系学. 北京：北京大学出版社，2001.

8. 王小春. 公共关系学. 北京：新华出版社，2002.

9. 刘用卿，段开军. 公共关系学. 重庆：重庆大学出版社，2003.

10. 张百章，何伟祥. 公共关系原理与实务. 大连：东北财经大学出版社，2002.

11. 李道平. 公共关系学. 北京：经济科学出版社，2000.

12. 窦红平. 公共关系实用教程. 北京：北京邮电大学出版社，2016.

13. 袁洪英. 公关危机管理经典案例举要. 哈尔滨：黑龙江人民出版社，2016.

14. 吴涛. 公共危机管理典型案例·2014. 北京：人民出版社，2017.

15. 倪东辉，鲍娜. 公共关系原理与实务. 北京：机械工业出版社，2010.

16. 王银平. 现代公共关系. 北京：高等教育出版社，2013.

17. 吴群红，郝艳华. 与危机共舞——突发公共卫生事件管理方略. 北京：科学出版社，2010.

18. 李国兴. 公共关系实用教程. 北京：高等教育出版社，2011.

19. 赵轶. 公共关系实务. 北京：人民邮电出版社，2017.

20. 郑洁. 公共关系实训. 大连：东北财经大学出版社，2016.

21. 王光华. 公共关系案例与实训教程. 北京：中国人民大学出版社，2017.

22. 居延安. 公共关系学. 5 版. 上海：复旦大学出版社，2013.

23. 谢红霞. 公共关系原理与实务. 大连：东北财经大学出版社，2014.

图书在版编目（CIP）数据

公共关系实务/张丽娟主编. --北京：中国人民大学出版社，2020.4
21世纪高职高专规划教材·市场营销系列
ISBN 978-7-300-26701-2

Ⅰ.①公… Ⅱ.①张… Ⅲ.①公共关系学-高等职业教育-教材 Ⅳ.①C912.31

中国版本图书馆CIP数据核字（2019）第028547号

普通高等职业教育“教学做”一体化教材
21世纪高职高专规划教材·市场营销系列
公共关系实务
主　编　张丽娟
副主编　陈　婷　托　亚　邬改利
Gonggong Guanxi Shiwu

出版发行	中国人民大学出版社		
社　　址	北京中关村大街31号	**邮政编码**	100080
电　　话	010－62511242（总编室）		010－62511770（质管部）
	010－82501766（邮购部）		010－62514148（门市部）
	010－62515195（发行公司）		010－62515275（盗版举报）
网　　址	http://www.crup.com.cn		
经　　销	新华书店		
印　　刷	北京鑫丰华彩印有限公司		
规　　格	185 mm×260 mm　16开本	**版　　次**	2020年4月第1版
印　　张	12	**印　　次**	2020年4月第1次印刷
字　　数	242 000	**定　　价**	36.00元